ROSETTA SERIES:
FRISIAN READER

EDITED BY TONY J RICHARDSON

Rosetta Series: Frisian Reader
© JiaHu Books
First Published in Great Britain in 2023 by JiaHu Books part of Richardson-Prachai Solutions, LU7 4QQ, UK.
ISBN: 978-1-78435-315-5

A CIP catalogue record for this book is available at the British Library
Visit us at: jiahubooks.co.uk

For โม, Τύχω and עלה

INTRODUCTION

I have always been deeply interested in less commonly taught languages, and I am thrilled to have finally dedicated time to compiling this collection of readers. These readers aim to bridge the gap between the abundance of beginner's courses available online for free and the actual reading of native materials.

The English translations provided here are not intended to be exemplary in terms of style, but rather designed to assist you in comprehending the Frisian texts. This is particularly evident in the conversations. In my opinion, this approach is the most suitable for a self-contained textbook like this one. Vocabulary that can be easily guessed by those with knowledge of another Germanic language has been omitted.

The articles are loosely grouped by topic, although there are no strict rules. This arrangement facilitates memorisation, as key terms are often repeated across two or three texts.

Enjoy,

Tony.

BILINGUAL TEXTS

DE FRYSKE TAAL: SYN ROL YN 'E NEDERLÂNSE HJOEDDEI

De Fryske taal, ek wol Frysk neamd, is in bysûnder wichtich ûnderdiel fan de taallânskip yn Nederlân. Mei om en de by de 480 tûzen sprekkers, spilet it in essinsjeel rol yn it behâld fan de kulturele erfskip fan it Fryske folk. Frysk is in offisjele minderheidstaal en hat syn eigen unike plak yn de offisjele stikken fan Fryslân, mar ek yn it dageliks libben fan syn sprekkers.

Alhoewol't it Nederlânsk de dominante taal is yn Nederlân, is Frysk noch altyd libben en wurket it mei-oan oan de rykdom fan de Nederlânske kultuer. Frysk wurdt brûkt yn it ûnderwiis, yn de media, yn tsjerken, en yn it lokale bestjoer. Sels yn stêden en doarpen bûten Fryslân, fynst sprekkers dy't mei leafde Frysk prate. It is net allinne in middel fan kommunikaasje, mar ek in symboal fan identiteit en bûnens mei it ferline fan de provinsje.

De Fryske taal is net samar tige wêzentlik foar de Friezen sels, mar ek foar Nederlân as gehiel. It rike kultuerel erfskip fan Fryslân hâldt de Nederlânske kultuer ferskaatlik en rynsk. De Fryske taal bringt in ferbylding fan ferline en in foarkaam fan tradysjes, dy't op har beurt in djiptegangende ynfloed hawwe op de Fryske literatuer en keunst. It is in kultuerdrager en in ynspiraasjebron foar Fryske skriuwers, dichters, en keunstners, en fersoarget in unike perspektyf yn de Nederlânske kultuer.

Yn Nederlân wurdt der wichtige ôfspraken makke om it Frysk te befoarderjen en te beskermjen. De Ryksûmrop, Omrop Fryslân, bringt nije en ynteressante programma's yn it Frysk op de televyzje en radio, wat bydraacht oan de kultuerferbreeding.

THE FRISIAN LANGUAGE: ITS ROLE IN THE NETHERLANDS TODAY

The Frisian language, also known as Frysk, is a significantly important element of the linguistic landscape in the Netherlands. With approximately 480 thousand speakers, it plays an essential role in preserving the cultural heritage of the Frisian people. Frysk is an official minority language and holds its unique place in official documents of Friesland, as well as in the daily lives of its speakers.

Despite Dutch being the dominant language in the Netherlands, Frysk is still vibrant and actively contributes to the richness of Dutch culture. It is used in education, media, churches, and local governance. Even in cities and villages outside of Friesland, you can find speakers who lovingly converse in Frysk. It is not just a means of communication but also a symbol of identity and connectedness to the province's history.

The Frisian language is not only crucial for the Frisians themselves but also for the Netherlands as a whole. The rich cultural heritage of Friesland adds diversity and depth to Dutch culture. The Frisian language embodies images of the past and showcases traditions, which, in turn, have a profound influence on Frisian literature and art. It serves as a carrier of culture and a source of inspiration for Frisian writers, poets, and artists, offering a unique perspective within Dutch culture.

In the Netherlands, significant efforts are made to promote and protect Frysk. The national broadcaster, Omrop Fryslân, airs new and interesting programs in Frysk on television and radio, contributing to cultural enrichment.

Fryske skoallen hawwe ek har eigen plak yn it ûnderwiisstelsel en sette har yn foar it ûnderwiis fan de Fryske taal oan de jongerein. Ferletselvers, lykas de Ljouwerter Krante, jouwe it Frysk in lûd yn de media en fertelle de nijste nijsberjochten yn 'e memmetaal fan de Friezen.

It Frysk spilet ek in rol yn it lokale bestjoer. Yn Fryslân is it brûken fan Frysk yn offisjele stikken in fêststeld prinsipe. It provinsjebestjoer, gemeentebestjoeren, en oare oerheidsynstellings fersoargje dokuminten en ynkommunikaasje yn beide talen, wat de meartaligens fan de provinsje behâldt.

Lykwols, neffens sommigen, kin it Frysk noch mear ûnderstipe wurde. Mear ynfestearringen yn it ûnderwiis, it ynspirearjen fan jongerein om de taal te learen, en it stipe fan de Nederlânske oerheid kinne bydrage ta in noch sterkere posysje fan de Fryske taal yn 'e Nederlânske mienskip.

Om it gearfetsjen, Frysk, mei syn om en by de 480 tûzen sprekkers, is net allinne in taal, mar in kultuerdrager en identiteitssymboal fan de Friezen. Syn rol yn Nederlân is net te ûnderskatjen, en mei de kontinue stipe en ynbetinking kin it bliuwe florearen yn 'e hjoeddeiske Nederlânske maatskippij.

Frisian schools also have their place in the education system and strive to teach the Frisian language to the younger generation. Newspapers, like the "Ljouwerter Krante," give Frysk a voice in the media and deliver the latest news in the Frisian mother tongue.

Frysk also plays a role in local governance. In Friesland, using Frysk in official documents is a established principle. Provincial governments, municipal councils, and other public institutions provide documents and communication in both languages, preserving the multilingualism of the province.

However, according to some, Frysk could receive even more support. Increased investments in education, inspiring youth to learn the language, and support from the Dutch government could contribute to an even stronger position for the Frisian language within the Dutch society.

In summary, Frysk, with its approximately 480 thousand speakers, is not just a language but also a carrier of culture and an identity symbol for the Frisians. Its role in the Netherlands cannot be underestimated, and with continuous support and consideration, it can continue to thrive in today's Dutch society.

Ûnderdiel - element/part
Behâld - preservation
Minderheidstaal - minority language
Kultuerferbreeding - cultural enrichment
Ynkommunikaasje - communication
Meartaligens - multilingualism
Inbetinking - consideration
Hjoeddeiske - current/today's
Befoarderjen - promote
Ynfestearringen - investments
Ynbetinking - consideration

DE FRYSKE FLAGGE EN OARE SYMBOLS FAN FRYSLÂN

Fryslân, in provinsje yn it noarden fan Nederlân, hat in rike kultuer en in protte tradysjes dy't weromgeane oant yn de âlde tiden. Ien fan de meast promininte symbols fan Fryslân is de Fryske flagge, dy't in diepe betsjutting hat foar de Friezen. De Fryske flagge bestiet út trije horizontale bân fan blau, wit en read fan boppen nei ûnderen. Dy trije kleuren ha har eigen ferhaal en betsjutting.

It blauw yn de flagge stelt de frijheid fan de Friezen foar. Fryslân hat in rike skiednis fan frijheid, wêrby't de Friezen har eigen ûnôfhinklikens hoeden en har kultuer en taal mei grutte leafde bewarren. De blauwe kleur yn de flagge is it symboal fan dy ûnôfhinklikens en de ferbûnens mei it lânskip en it wetter fan de provinsje.

De witte kleur yn de flagge symbolisearret frede en ienheid. De Friezen ha altyd stribbe nei ienheid en gearwurking, en de flagge bringt dat belangrike prinsipe ta utering. De ienheid fan de Friezen mei har eigen taal en kultuer is yn 'e hiele provinsje te fernimmen en fersterket har identiteit as in tige gearhingjende mienskip.

It read yn de flagge stiet foar de leafde foar it lân en de striid foar rjochtfeardigens. De Friezen ha yn 'e skiednis fochten foar har rjochten en frijheid, en dat stridberens en leafde foar Fryslân wurdt yn de flagge fêstlein. It rood rint as in tried troch it hiele lân, dat it ferline, hjoeddei en de takomst fan Fryslân ferbynt.

THE FRISIAN FLAG AND OTHER SYMBOLS OF FRIESLAND

Friesland, a province in the northern part of the Netherlands, has a rich culture and many traditions that date back to ancient times. One of the most prominent symbols of Friesland is the Frisian flag, which holds deep significance for the Frisian people. The Frisian flag consists of three horizontal stripes of blue, white, and red from top to bottom. Each of these three colors has its own story and meaning.

The blue in the flag represents the freedom of the Frisians. Friesland has a rich history of independence, where the Frisians have safeguarded their own autonomy and preserved their culture and language with great affection. The blue color in the flag symbolizes that independence and the connection with the province's landscape and water.

The white color in the flag symbolizes peace and unity. The Frisians have always strived for unity and cooperation, and the flag embodies that essential principle. The unity of the Frisians with their own language and culture is evident throughout the province, strengthening their identity as a closely-knit community.

The red in the flag stands for love of the country and the fight for justice. Throughout history, the Frisians have fought for their rights and freedom, and that spirit of resistance and love for Friesland is embodied in the flag. The red runs like a thread through the whole country, connecting Friesland's past, present, and future.

Mar net allinne de Fryske flagge is in symbolyske útdrukking fan de Fryske kultuer, mar ek oare symbols spylje in wichtige rol. De pompeblêden binne in oar bekend symbol fan Fryslân. Dy binne trije blêden yn de foarm fan in hert, dy't yn de hiele provinsje te finen binne. De pompeblêden steane foar driuwkrêft, gearwurking en de Fryske driuw om it lân droech te hâlden. De pompeblêden ferskine ek yn it wapen fan Fryslân en wurde beskôge as in fersinneliking fan de Fryske geast.

Ek it Fryske hynder is in symboal dat djip ferwurde is yn de Fryske kultuer. It Fryske hynder is in bysûnder en sterk ras dat yn Fryslân fûn wurde kin. It stiet symboal foar kragt, frijheid en trotsk op it lânskip fan Fryslân. It hynder is ek bekend om syn moaie bewegingen en wurdt faak ynbrûkt by tradysjonele festiviteiten.

Al dizze symbols, lykas de Fryske flagge, de pompeblêden en it Fryske hynder, bringe de identiteit en de tradysjes fan Fryslân ta libben. Yn 'e hiele provinsje binne dy symbols te finen en binne se it bewiis fan de leafde fan de Friezen foar har lân en har rike kultuer.

But not only the Frisian flag is a symbolic expression of Frisian culture, other symbols also play an important role. The "pompeblêden" (water lily leaves) are another well-known symbol of Friesland. They are three leaves shaped like a heart and can be found all over the province. The "pompeblêden" represent driving force, cooperation, and the Frisian drive to keep the land dry. They also appear in the coat of arms of Friesland and are seen as a personification of the Frisian spirit.

The Frisian horse is another symbol deeply rooted in Frisian culture. The Frisian horse is a special and strong breed found in Friesland. It symbolizes strength, freedom, and pride in the landscape of Friesland. The horse is also known for its beautiful movements and is often used in traditional festivities.

All these symbols, like the Frisian flag, the "pompeblêden," and the Frisian horse, bring the identity and traditions of Friesland to life. Throughout the entire province, these symbols can be found, and they serve as evidence of the Frisian people's love for their land and their rich culture.

Tsjinje - safeguard
Ferbûnens - connection
Tige - very
Gearhingjend - closely-knit
Rjochtfeardigens - justice
Fersinneliking - personification
Bewiis - evidence
Stridberens - spirit of resistance
Utnôchlikens - autonomy
Fersterket - strengthens

FRYSK EN INGELSK: DE GRUTTE OERIENKOMSTEN

Frysk en Ingelsk, twa taalsaken dy't op it earste gesicht ferskillend lykje, hawwe folsleine oerienkomsten dy't tige nijsgjirrich binne. Beide talen binne Germanske talen en hawwe in geskiedenis dy't gearhinget mei elkoar. De oerienkomsten tusken Frysk en Ingelsk binne net allinne lingústysk, mar ek kultureel.

Yn Fryslân kinne minsken meastentiids goed Ingelsk ferstean, en datselde jildt foar de measte Ingelsktalige minsken dy't Frysk hearre. It is in bysûndere en handige oerienkomst, want it makket kommunikaasje tusken de beide taalgebieten makliker. In soad wurdboeken en fersteande tekst- en oersettingsapplikaasjes binne ek beskikber foar beide talen.

De oerienkomsten tusken Frysk en Ingelsk gean fierder as allinne it wurdboek en de fersteande hear- en lêsbefoarderings. Der binne ek in protte wurdsgelykheden, alhoewol't de spraakklanken fan beide talen ferskillend wêze kinne. Bygelyks, it Frysk-wurd "hûs" liket bot op it Ingelsk-wurd "house", en it Frysk-wurd "fleanmasine" liket op it Ingelsk-wurd "airplane". Dat jout it gefoel dat de beide talen yn elkoar ferwurde binne.

Ek de grammatika fan Frysk en Ingelsk is feroarsake fan in soad oerienkomsten. Bygelyks, it gebrûk fan bepaalde tiidsformen en de ôfwiizing fan lidwurden yn sommige gefallen, liket inoar tige. Dizze grammatikale oerienkomsten meitsje it makliker foar Ingelsksprekkende minsken om Frysk te learen en omgekeard.

FRISIAN AND ENGLISH: THE GREAT SIMILARITIES

Frisian and English, two languages that may seem different at first glance, have remarkable similarities that are quite intriguing. Both languages belong to the Germanic family and share a history that is interconnected. The similarities between Frisian and English are not only linguistic but also cultural.

In Friesland, people can generally understand English quite well, and the same applies to most English speakers when they hear Frisian. It is a special and useful connection that facilitates communication between the two language regions. Many dictionaries and language translation apps are available for both languages.

The similarities between Frisian and English go beyond just dictionary and mutual comprehension. There are also numerous word similarities, even though the speech sounds of both languages can differ. For example, the Frisian word "hûs" (house) resembles the English word "house," and the Frisian word "fleanmasine" (airplane) is similar to the English word "airplane." This gives the impression that the two languages are interwoven.

The grammar of Frisian and English also causes many similarities. For instance, the use of certain tenses and the absence of articles in some cases are quite alike. These grammatical similarities make it easier for English speakers to learn Frisian and vice versa.

De oerienkomsten tusken de beide talen binne net samar in kwestje fan tafal, want yn 'e skiednis hawwe de Friezen en Ingelsken in protte mei-inoar te krijen hân. Yn 'e tiid fan de Fryske kening Redbad hienen de Friezen in grut lân dat ek part fan Ingelân ynnaam. Troch de eeuwen hinne binne der ferbiningen west tusken de beide gebieten, dy't in ynfloed hân hawwe op elkoars taal en kultuer.

Troch de oerienkomsten tusken Frysk en Ingelsk te ûndersiken en te begripen, kinne de beide talen mear ferryskjitten wurden. It is in kulturele rikdom om dizze gearhing te ferkennen en te ûndersykjen. De twa talen, elk mei syn eigen rykdom en ferhaal, helpe om in ienheid tusken de Friezen en Ingelsksprekkende minsken te foarmjen, dy't ús taal en kultuer mei wille en begryp tegearre bringt.

The similarities between the two languages are not merely coincidental, as in history, the Frisians and English have had significant interactions. During the time of the Frisian king Redbad, the Frisians had a large territory that also included parts of England. Throughout the centuries, there have been connections between the two regions, influencing each other's language and culture.

By studying and understanding the similarities between Frisian and English, the two languages can be further distinguished. It is a cultural richness to explore and research these connections. The two languages, each with its own wealth and history, help form a unity between the Frisians and English speakers, bringing our language and culture together with joy and understanding.

Fersteande - mutual comprehension
Spraakklanken - speech sounds
Tiidsformen - tenses
Ôfwiizing - absence
Feroarsake - caused
Begripen - understand
Gearhing - interconnected
Forskjitten - distinguish
Ferkennen - explore
Taalgebieten - language regions
Yndersykje - research

DE FERHÂLDING TUSKEN FRYSK EN NEDERLÂNSK: IN OERSICHT

De ferhâlding tusken de Fryske taal en it Nederlânsk is in ynteressant en kompleks ûnderwerp. Frysk en Nederlânsk binne beide offisjele talen yn Nederlân, mar ha in hiel oare skiednis en karakter. De relaasje tusken de beide talen is al iuwenlang ûntwikkele en hie grutte ynfloed op de Fryske taal en kultuer.

Frysk, as in âlde West-Germaanske taal, is de memmetaal fan in part fan de ynwenners fan de provinsje Fryslân. It hat syn eigen spraakklanken en grammatika, en wurdt troch in substânsjeel oantal minsken yn Fryslân as earste taal praten. Oant de deistige omgong yn Fryslân heart it Fryske dialekt ek ta de gewoane kommunikaasjefoarmen.

Nederlânsk, oan de oare kant, is de dominante taal yn Nederlân en wurdt offisjeel brûkt yn it ûnderwiis, yn de media en yn it nasjonale bestjoer. De measte Nederlânsktaligen hawwe in goede ferstanningsbasis fan it Frysk, mar kinne it net altyd yn itselde nivo sprekke as har eigen memmetaal.

De relaasje tusken Frysk en Nederlânsk hat tige feroaringen ûndergien troch de skiednis hinne. Yn it ferline hawwe de Friezen har ôfsûndering en taalbewarring bewarre om't se har eigen identiteit wolle ûnderstreekje. Yn de 19e en 20e iuw is de posysje fan Frysk as taal foar it Nederlânsk wer ûntwikkele, mei mear omtinken foar it ûnderwiis en it brûken fan Frysk yn offisjele stikken.

THE RELATIONSHIP BETWEEN FRISIAN AND DUTCH: AN OVERVIEW

The relationship between the Frisian language and Dutch is an interesting and complex subject. Frisian and Dutch are both official languages in the Netherlands but have very different histories and characters. The relationship between the two languages has evolved over centuries and has had a significant influence on the Frisian language and culture.

Frisian, as an ancient West Germanic language, is the mother tongue of a portion of the inhabitants of the province of Friesland. It has its own phonetics and grammar and is spoken as a first language by a substantial number of people in Friesland. The Frisian dialect is also part of everyday communication in Friesland.

On the other hand, Dutch is the dominant language in the Netherlands and is officially used in education, media, and national administration. Most Dutch speakers have a good understanding of Frisian but may not be able to speak it at the same level as their own mother tongue.

The relationship between Frisian and Dutch has undergone significant changes throughout history. In the past, the Frisians preserved their isolation and language to emphasize their own identity. In the 19th and 20th centuries, the position of Frisian as a language for the Dutch was redeveloped, with more emphasis on education and the use of Frisian in official documents.

Hjoed-de-dei spilet it Frysk in wichtige rol yn it ûnderwiis yn Fryslân. Op skoallen wurdt it brûkt as taal fan ûnderwiis, en bern leare de grûnbegjinsels fan Frysk. It is in wichtige stap om de kontinuïteit fan de Fryske taal te ferklearjen en om in nije generaasje sprekkers te ûntwikkeljen.

De kulturele en språklike relaasje tusken Fryslân en Nederlân is in oanstriid ta bilangrike diskusje. Foar de iene is it in teken fan sterke nasjonale ienheid, wylst de oare it ferskaat en de rikdom fan meartaligens preauntearret. It is in evenwichtsoefening om beide talen te ferdigenjen en har identiteiten te bewarjen, wylst se tegearre libje yn Nederlân as in multytaalkundige mienskip.

Yn de takomst bliuwt it wichtich om de taal en kultuer fan Fryslân te stypjen en te befoarderjen. It ûntwikkeljen fan in positive en harmonieuze ferhâlding tusken Frysk en Nederlânsk sil dêrby in grutte rol spylje, om't se tegearre ûnderdiel binne fan de rike kultuer dy't Nederlân definiëarret.

Today, Frisian plays an important role in education in Friesland. It is used as the language of instruction in schools, and children learn the basics of Frisian. It is a crucial step in preserving the continuity of the Frisian language and developing a new generation of speakers.

The cultural and linguistic relationship between Friesland and the Netherlands sparks important discussions. For some, it signifies strong national unity, while others emphasize the diversity and richness of multilingualism. Striking a balance to defend both languages and preserve their identities is a delicate task, as they coexist in the Netherlands as a multilingual community.

In the future, it remains essential to support and promote the language and culture of Friesland. Developing a positive and harmonious relationship between Frisian and Dutch will play a significant role, as they are together part of the rich culture that defines the Netherlands.

Iuwenlang - for centuries
Taalbewarring - language preservation
Preauntearret - emphasizes
Ûntwikkeljen - develop
Oanstriid - impulse
Takomst - future

DE FRYSKE OARSPRONG: IT ÛNTWURDLJEN FAN DE ALDEREGESCHIEDENIS FAN IT FRYSKE FOLK

De Friezen, in folk mei in rike en ynteressante skiednis, hawwe in djip ferline dat weromgiet ta yn de âlde tiden. It ûntwurdljen fan de alderegeschiedenis fan it Fryske folk is in nijsgjirrige en fassinearjende reis troch de tiid. Fan mythiske oarsprongen oant de earste spoaren fan beskreaun bestean, de Friezen hawwe in rike tradysje en identiteit.

De Friezen, alhoewol't altyd al oanwêzich yn de Noardwestlike regio fan Europa, fûnen harren earste grutte mient yn it gebiet dat wy hjoed-de-dei as Fryslân kennen. De oantinkens oan de grutte Romeinske kening Redbad en de heldhaftige kening Radboud binne mei-eigenaners fan de Fryske skiednis.

It ûntstean fan de Friezen is yn himsels al in oansprekkende saak. Oer de jierren hinne binne der in protte mythes en legindes oer harren ûntstean en oarsprong. Fan de leginde fan Friso, de held fan de legindaryske oankomst yn Fryslân, oant de ferbining mei de Aldermanen en it keningryk fan Magna Frisia, de Fryske mythe hat in djippe ynfloed op de kultuer en tradysjes fan it folk.

Yn de Midsieuwen wie Fryslân in wichtich sintrum fan handel en kultuer. De Friezen, mei har sterke sinnige koopmansgeast, hienen bloeiende relaasjes mei oare lannen en kulturen, lykas Ingelân, Skandinavië en it Heilige Roomse Ryk. Dy ynternasjonale ferbiningen en de rike maritieme skiednis makken Fryslân ta in opmerklike kultuer fan syn tiid.

THE FRISIAN ORIGINS: UNRAVELING THE ANCIENT HISTORY OF THE FRISIAN PEOPLE

The Frisians, a people with a rich and intriguing history, have a deep past that dates back to ancient times. Unraveling the ancient history of the Frisian people is a fascinating and captivating journey through time. From mythical origins to the earliest traces of recorded existence, the Frisians have a rich tradition and identity.

The Frisians, though always present in the Northwestern region of Europe, found their first major settlement in the area we now know as Friesland. The memories of the great Roman king Redbad and the heroic king Radboud are intrinsic parts of Frisian history.

The emergence of the Frisians itself is an appealing matter. Over the years, many myths and legends about their creation and origin have been told. From the legend of Friso, the hero of the legendary arrival in Friesland, to the connection with the Aldermen and the kingdom of Magna Frisia, the Frisian myth deeply influences the culture and traditions of the people.

During the Middle Ages, Friesland was an important center of trade and culture. The Frisians, with their strong entrepreneurial spirit, had flourishing relationships with other countries and cultures, such as England, Scandinavia, and the Holy Roman Empire. These international connections and the rich maritime history made Friesland a remarkable cultural entity of its time.

De Friezen hawwe ek har earder protest tsjin oerhearsking en har striid foar frijheid bekroand sjoen. Troch de skiednis hinne ha de Friezen harren selsstannens beskerme en harren identiteit mei grutte selsstannigens bewarre. Dat fûn útering yn de Bloedraad fan Aldehou en de Grutte Pier fan Kimswert, symboalen fan Fryske tsjinwurking tsjin it oerwicht.

Hjoed-de-dei is Fryslân noch altyd in provinsje mei syn eigen taal, kultuer en tradysjes. De Friezen hâlde fêst oan har identiteit en heisterje har earder rol as in sintrum fan kulturele en spraaklike rikdom. It ûntwurdljen fan de alderegeschiedenis fan it Fryske folk is in kulturele skat dy't ús ferbynt mei de wortels fan ús ferline en ús mei grutte leave oanwêzichheid yn de wrâld fan hjoed-de-dei.

It bestuderen fan de oarsprong fan de Friezen jout ús in djipper ynsjoch yn ús ûnôfhinklik ferline en helpt ús om ús identiteit en tradysjes te bewarjen en te fersterkjen foar de kommende generaasjes. It Fryske folk, mei syn unike kultuer en djippe rike skiednis, hat in plak fan betsjutting yn de wrâld, en it ûntwurdljen fan har oarsprong is in djoere taak dy't ús ferbynt mei ús erfgoed en ús ferline.

The Frisians also saw their earlier resistance against domination and their fight for freedom rewarded. Throughout history, the Frisians have safeguarded their independence and preserved their identity with great determination. This was manifested in the Blood Council of Aldehou and the Great Pier of Kimswert, symbols of Frisian resistance against dominance.

Today, Friesland is still a province with its own language, culture, and traditions. The Frisians hold fast to their identity and embrace their former role as a center of cultural and linguistic richness. Unraveling the ancient history of the Frisian people is a cultural treasure that connects us to the roots of our past and our presence in today's world.

Studying the origins of the Frisians gives us a deeper insight into our independent past and helps us preserve and strengthen our identity and traditions for the generations to come. The Frisian people, with their unique culture and deep rich history, hold a place of significance in the world, and unraveling their origins is a precious task that connects us to our heritage and our past.

Ûntwurdljen - unraveling
Alderegeschiedenis - ancient history
Oerhearsking - domination
Ferskate - diverse
Koopmansgeast - entrepreneurial spirit
Heisterje - embrace
Yntrigearjend - captivating
Hjoed-de-dei - nowadays

FRYSKE KENINGEN EN KENINKRYKEN: DE OPKOMST EN ÛNDERGONG FAN FRYSKE MONARCHIJEN

De Friezen hawwe yn har skiednis in tal keningen en keninkryken kend, dy't harren eigen unike en ynteressante ferhaal hawwe. Fan de mearkeske fersen oer de legindaryske Redbad, ta de machtige keningkiken fan Magna Frisia, de opkomst en ûndergong fan Fryske monarchijen is in ynteressante rûnreis troch de skiednis fan de Friezen.

Redbad, beskreaun as in legindaryske kening fan de 7e ieu, stiet bekend om syn sterkte en moed. Hy waard ferneamd om syn striden tsjin de Frankyske kening Pepijn de Lytse, en syn nammerskiednis is omstriid. Alhoewol't it ferslach fan Redbad syn keningkrike in mytyske tint hat, hawwe de ferhalen oer syn heldhaftigens en syn ferdediging fan Fryslân him ôfskieden yn de Fryske folklore.

De 8e en 9e ieu wiene tiden fan grutte feroaring yn Fryslân. It tiidrek fan Magna Frisia, it grutte Fryslân, wie ien fan de machtichste tiden yn de Fryske skiednis. De Aldermanen, de Fryske adel en hearen, stienen oan de kop fan dizze keninkryken en hawwe grutte ynfloed hân yn de regio. Magna Frisia hie in grutte maritieme kultuer en hie bloeiende relaasjes mei oare lannen.

De opkomst fan de Fryske keninkryken kaam lykwols net sûnder syn striid. De ynternasjonale konflikten, lykas de striid tsjin de Frankyske en Deenske keningen, hawwe de keninkryken fan Fryslân yn de 9e en 10e ieu ynstabiliteit brocht. De fal fan Magna Frisia wie in gefolch fan dizze oarloch en ynwykende machten.

FRISIAN KINGS AND KINGDOMS: THE RISE AND FALL OF FRISIAN MONARCHIES

Throughout their history, the Frisians have known several kings and kingdoms, each with its own unique and intriguing tale. From the mythical verses about the legendary Redbad to the powerful kings of Magna Frisia, the rise and fall of Frisian monarchies is an interesting journey through the history of the Frisian people.

Redbad, described as a legendary king of the 7th century, is known for his strength and bravery. He became famous for his battles against the Frankish king Pepin the Short, and his name's history is contested. Although the account of Redbad's kingdom carries a mythical touch, the stories of his heroism and defense of Frisia have cemented his place in Frisian folklore.

The 8th and 9th centuries were times of significant change in Frisia. The era of Magna Frisia, the Great Frisia, was one of the most powerful periods in Frisian history. The Aldermen, the Frisian nobility and lords, were at the helm of these kingdoms and wielded great influence in the region. Magna Frisia had a significant maritime culture and enjoyed flourishing relations with other countries.

However, the rise of the Frisian kingdoms was not without its struggles. International conflicts, such as the battles against the Frankish and Danish kings, brought instability to the Frisian kingdoms in the 9th and 10th centuries. The fall of Magna Frisia was a consequence of these wars and encroaching powers.

Troch de skiednis hinne wie it Fryske folk sterke, mar de
Fryske keninkryken wienen faak ûnderheech oan eksterne
druk en oerhearsking. Yn de Midsieuwen brocht de
keningklike macht yn Fryslân in tal ferfynings oan de Fryske
maatskippij, mar it hie ek syn útdagingen. It behâld fan in
sterke en ûnôfhinklike keningrike wie faak in striderstema,
dat him boppe alles rjochtfeardiging en frede ferskaffen
moast.

Yn 'e 16e ieu kaam it ein fan it lêste Fryske keningkryk,
doe't Fryslân oerstoalle waard troch de Habsburgers en
letter ûnderdeel waard fan it Heechselskip. De tiidrek fan
Fryske monarchijen mocht dan foarby wêze, mar de rike
kultuer en identiteit fan it Fryske folk libbet fuort yn de taal,
tradysjes en folksferhalen fan de Friezen.

De opkomst en ûndergong fan Fryske monarchijen is in
belangryk en nijsgjirrich part fan de Fryske skiednis. De
ferhalen oer heldhaftige keningen, machtige keninkryken en
de struggles tsjin oerhearsking hawwe har plak yn de herten
fan de Friezen, en drage by oan it rike ferline fan dit
bysûndere folk.

Throughout history, the Frisian people remained strong, but the Frisian kingdoms often faced external pressures and domination. In the Middle Ages, royal power in Frisia brought several refinements to Frisian society, but it also presented its challenges. Maintaining a strong and independent kingdom was often a contentious issue, requiring justification and fostering peace above all.

In the 16th century, the last Frisian kingdom came to an end when Frisia was overrun by the Habsburgs and later became part of the Habsburg Netherlands. The era of Frisian monarchies might have passed, but the rich culture and identity of the Frisian people live on in their language, traditions, and folk tales.

The rise and fall of Frisian monarchies are an important and intriguing part of Frisian history. The stories of heroic kings, powerful kingdoms, and struggles against domination have found their place in the hearts of the Frisians and contribute to the rich heritage of this unique people.

Feroaringen - refinements
Oerstoalle - overrun
Beskerme - safeguard
Ynwykende - invading
Ferdediging - defense
Heisterje - cherish
Tsjinwurking - resistance
Opkomst - rise
Ûndergong - fall
Striderstema - contentious issue
Rjochtfeardiging - justification
Instriigje - contest
Oerhearsking - domination

FRYSKE HANDEL EN KOMMERSJE: IT ÛNTDEKKEN FAN FRYSLÂN SYN ROL YN MARITIEME UTWIKSELING

Fryslân, in lân mei in ryk maritiem ferline, hat al iuwenlang in wichtige rol spile yn de hantering fan maritieme útwikseling. De Fryske haadstêd Ljouwert, de havens fan Snits en Harns, en de Fryske wetters ha in stimulearjende funksje hân foar de Fryske handel en kommersje.

It Frysk folk stiet bekend om syn koopmansgeast en kommersjele ferdigening. Yn de Midsieuwen wie Fryslân ien fan de wichtichste hanthaven fan Europa. De Friezen hawwe harren hannel relatysje opboud mei oare stêden en regionen yn Noard-Europa, lykas Hamburch, Londen en Amsterdams. Dy hannel ferdigening hie in grutte ynfloed op de ekonomy en kultuer fan Fryslân.

De Fryske maritieme tradysje wie in sterke motivator foar de Friezen om harren bûten de eigen grinzen te ferpleatsen. Yn de 17e ieu waard it idee fan de Friezen as seereizgers en handelsreizigers romantiseard, en harren lange, bloeiende skiednis as ûndernimmers giet altyd mei harren mei. De Friezen stienen bekend om harren sterkte, kennis fan it wetter en harren ferkenning fan nije kusten.

De maritieme ynstellings en kultuer fan Fryslân hawwe ek ynspiraasje brocht foar de literatuer en keunst. Fryske dichters en skriuwers ha harren ferhalen ynspirearre troch it libben op see en de oersee hanthaven fan Fryslân. Dy kultuer hat in djippe ynfloed hân op de Fryske literêre tradysje, en de hannel en ferkenning fan de Friezen binne romantezearre yn tal fan folksoerleveringen.

Hjoed-de-dei spilet de Fryske haadstêd Ljouwert noch altyd in wichtige rol yn de hantering fan kommersje en ekonomy.

FRISIAN TRADE AND COMMERCE: EXPLORING FRISIA'S ROLE IN MARITIME EXCHANGE

Frisia, a land with a rich maritime history, has played a significant role in the realm of maritime exchange for centuries. The Frisian capital Leeuwarden, the harbors of Sneek and Harlingen, and the Frisian waters have been instrumental in fostering Frisian trade and commerce.

The Frisian people are known for their entrepreneurial spirit and commercial prowess. In the Middle Ages, Frisia was one of Europe's most important trading hubs. The Frisians established trade relations with other cities and regions in Northern Europe, such as Hamburg, London, and Amsterdam. This trade network had a profound impact on Frisia's economy and culture.

The Frisian maritime tradition was a strong motivator for the Frisians to venture beyond their own borders. In the 17th century, the idea of the Frisians as seafarers and traders became romanticized, and their long and flourishing history as entrepreneurs has always been with them. The Frisians were renowned for their strength, water knowledge, and exploration of new coasts.

The maritime institutions and culture of Frisia also inspired literature and art. Frisian poets and writers drew inspiration from life at sea and the overseas trade of Frisia. This culture deeply influenced the Frisian literary tradition, and the trade and exploration of the Frisians are glorified in numerous folk tales.

Today, the Frisian capital Leeuwarden still plays a crucial role in fostering commerce and the economy.

Yn de 21e ieu is Fryslân noch altyd in sintrum fan maritieme ûtwikseling en is it de thúsbasis foar in protte moderne bedriuwen en ynternasjonale relaasjes. De lânlik ynrjochte skip- en wetterhannels binne noch altyd wichtich foar de ekonomy fan Fryslân.

De Fryske haadstêd Ljouwert, mei syn sterk ferline fan hannel en ekonomy, is in ûnôfhinklik sintrum fan maritieme ûtwikseling. De tradysje fan kommersje en hannel is net allinne in part fan de Fryske kultuer, mar ek in trochjouwing fan de waardichheden en ambysjes fan it Frysk folk. It ûntdekken fan Fryslân syn rol yn maritieme ûtwikseling bringt ús tichterby de essinsje fan de Fryske identiteit en helpt ús om har ferhaal te bewarjen en te fersterkjen.

In the 21st century, Frisia remains a center of maritime exchange and serves as the home base for many modern businesses and international relations. The nationally organized shipping and waterways are still essential for Frisia's economy.

The Frisian capital Leeuwarden, with its strong history of trade and commerce, is an independent center of maritime exchange. The tradition of commerce and trade is not only a part of Frisian culture but also a testament to the values and ambitions of the Frisian people. Exploring Frisia's role in maritime exchange brings us closer to the essence of the Frisian identity and helps us preserve and strengthen their story.

Hanthaven - trading port
Ûtwikseling - exchange
Seereizgers - seafarers
Romantezearre - glorified
Folksoerleveringen - folk tales
Hannel - trade
Trochjouwing - testament
Ûnôfhinklik - independent
Ferkenning - exploration
Ûtwikseling - interchange
Ynrjochte - organized
Haadstêd - capital

DE FRYSKE FRIIHEID: AUTONOMY EN WEERSTÂN TSJIN FEODALE MACHTEN

De Fryske Friiheid, ek bekend as de Friese Freedom, is in wichtich en krêftich aspekt fan de Fryske skiednis. Oant yn de Midsieuwen hawwe de Friezen streve nei ûnôfhinklikens en autonomie tsjin feodale machten. De Fryske Friiheid is in ferhaal fan moed en striid foar frijheid en selsselskip.

Yn de iuwen fan de Midsieuwen wie Fryslân in provinsje mei in sterk feriene en gearwurkjende gearstalling. Yn tsjinstelling ta oare rjochten yn Nederlân en Europa, hie Fryslân syn eigen organisaasje fan selsbestjoer. It lân hie de Fryske Friiheid om sels wetten te meitsjen en selsbestjoer te fieren. Dit joech de Friezen in hege graad fan frijheid en selsbeskikking.

De Fryske Friiheid wie net sûnder syn ûnderhannelings en striden. De feodale machten, lykas de Hollânske graven en de Saksyske hertogen, ha faak probearre de Fryske Friiheid te behearskjen. De Friezen hawwe tsjin dizze oerhearsking fochten en harren selsbestjoer ferdigege. De leginde fan Grutte Pier fan Kimswert is ien fan de meast beroemde foarbylden fan Fryske striid foar frijheid tsjin feodale machten.

Yn de 13e ieu, ûnder de wet fan Magnuskerk, hat de Fryske Friiheid sels in lytse perioade fan oerhearsking hân oer partijen fan Noard-Hollân en Grinslân. Dit jout oan hoe sterk en ynfluentaal de Friezen yn dy tiid wienen.

THE FRISIAN FREEDOM: AUTONOMY AND RESISTANCE AGAINST FEUDAL POWERS

The Frisian Freedom, also known as the Frisian Friiheid, is an important and powerful aspect of Frisian history. Throughout the Middle Ages, the Frisians strived for independence and autonomy against feudal powers. The Frisian Freedom is a story of courage and struggle for freedom and self-governance.

In the centuries of the Middle Ages, Frisia was a province with a strong and united composition. Unlike other regions in the Netherlands and Europe, Frisia had its own organization of self-governance. The land had the Frisian Freedom to create its own laws and exercise self-governance. This granted the Frisians a high degree of freedom and self-determination.

The Frisian Freedom was not without its negotiations and conflicts. Feudal powers, such as the Counts of Holland and the Dukes of Saxony, often attempted to control the Frisian Freedom. The Frisians fought against this domination and defended their self-governance. The legend of Grutte Pier from Kimswerd is one of the most famous examples of Frisian resistance for freedom against feudal powers.

In the 13th century, under the Magna Carta of Frisia, the Frisian Freedom briefly held dominion over parts of North Holland and Groningen. This demonstrates the strength and influence of the Frisians at that time.

Hjoed-de-dei is de Fryske Friiheid in fûnemint fan de Fryske kultuer en identiteit. De striid foar autonomie en ûnôfhinklikens is in ûnderskiedend elemint fan de Fryske mienskip. De Friezen heisterje har earder erfskip fan frijheid en selsbestjoer, en de Fryske Friiheid is in symboal fan harren eigenheid en krêft.

De Fryske Friiheid, as in ferhaal fan autonomie en weerstân tsjin feodale machten, is in djip en ynspriraasjefol ferhaal yn de Fryske skiednis. It jout ús in ynsjoch yn de ûntjouwing fan de Fryske identiteit en helpt ús te begripen wêrom't de Friezen it as sa wichtich beskôgje om har earder rjochten en frijheid te ferdigenjen. De Fryske Friiheid is in erfstik dat ús oansporet om ús kultuer en identiteit mei grutte leafde te bewarjen en te fieren.

Today, the Frisian Freedom is a foundation of Frisian culture and identity. The struggle for autonomy and independence is a distinguishing element of the Frisian community. The Frisians cherish their ancestral heritage of freedom and self-governance, and the Frisian Freedom is a symbol of their uniqueness and strength.

The Frisian Freedom, as a story of autonomy and resistance against feudal powers, is a profound and inspiring tale in Frisian history. It provides us with insight into the development of Frisian identity and helps us understand why the Frisians consider it so essential to defend their ancestral rights and freedom. The Frisian Freedom is a legacy that encourages us to cherish and celebrate our culture and identity with great love.

Gearwurkjende - united
Selsbestjoer - self-governance
Bewarjen - cherish
Erfstik - legacy
Ynspiraasjefol - inspiring
Selsselskip - self-determination
Mienskip - community

DE FRYSKE TAAL: BEWARJE EN OPKRIKJE FAN DE TAAL

De Fryske taal, in skat fan ús kultuer en identiteit, hat oer de jierren hinne mei útdagingen te krijen hân. De ôfrûne desennia hawwe omtinken fereaske foar it bewarjen en opkrikjen fan de Fryske taal. In tal oerheidstakomsten, ûnderwiisynstellings en kultuerorganisaasjes hawwe harren ynset om de taal te fersterkjen en de Fryske kultuer te behâlden.

Yn de ôfrûne iuwen hat de Fryske taal in rike tradysje en in plak fan grutte betsjutting yn it deistich libben fan de Friezen. Yn de Midsieuwen wie it Frysk de offisjele taal fan Fryslân en waard der in protte yn gearkomsten, kerklike tsjinsten en yn it bestjoer Frysk praat. Lykwols, yn de rin fan de tiid, waard it Hollânsk de dominante taal yn Fryslân en krige it Frysk in bytsjegear tredderôl.

Yn de 19e en 20e ieu kaam de Fryske taal foar útdagingen te stean, wylst it Frysk yn it offisjele domein en yn it ûnderwiis mear en mear ferfelde. Mar fanôf de lêste desennia fan de 20e ieu krige it bewarjen en opkrikjen fan de Fryske taal wer in sintrale plak yn it maatskiplik debat.

De Fryske taal hat ûnderfinings hân fan in protte oerheidstakomsten en stipe foar de ferdigening fan syn plak yn Fryslân. De Provinsje Fryslân, yn gearwurking mei de Fryske gemeenten, hat finansjele stipe ferliend oan projekten dy't it brûken en learen fan de Fryske taal oanmoedigje.

Yn it ûnderwiis is der in protte omtinken fereaske foar it ûnderwizen fan de Fryske taal oan jonge bern. De Fryske taal is ferankere yn de Fryske skoallen en is in ferplicht fak foar alle learlingen. It doel is om de Fryske taal yn it deistich libben fan de jonge generaasjes te yntegrearjen.

THE FRISIAN LANGUAGE: PRESERVATION AND REVITALIZATION EFFORTS

The Frisian language, a treasure of our culture and identity, has faced challenges over the years. In recent decades, attention has been given to preserving and revitalizing the Frisian language. Various governmental bodies, educational institutions, and cultural organizations have made efforts to strengthen the language and preserve Frisian culture.

Over the centuries, the Frisian language has held a significant place in the daily lives of the Frisians. In the Middle Ages, it was the official language of Frisia, spoken in gatherings, church services, and government affairs. However, over time, Dutch became the dominant language in Frisia, and Frisian took on a secondary role.

In the 19th and 20th centuries, the Frisian language encountered challenges, as it gradually faded from official domains and education. Yet, from the last decades of the 20th century, preserving and revitalizing the Frisian language became a central topic in societal debates.

The Frisian language has experienced support and encouragement from various governmental bodies for its preservation in Frisia. The Province of Friesland, in collaboration with Frisian municipalities, has provided financial support for projects that promote the use and learning of the Frisian language.

In education, significant attention has been given to teaching the Frisian language to young children. Frisian is integrated into Frisian schools and is a mandatory subject for all students. The goal is to integrate the Frisian language into the daily lives of the younger generations.

Kultuerorganisaasjes, lykas de Fryske Akademy en Omrop Fryslân, hawwe harren ek ynsetten om de Fryske taal te stypjen. Omrop Fryslân is in publike omrop dy't Fryske programma's op radio en telefyzje útstjoert, wylst de Fryske Akademy wittenskiplik ûndersyk docht nei de Fryske taal en kultuer.

It bewarjen en opkrikjen fan de Fryske taal is in kontinu proes en fereasket in gemeenschaplike ynset fan de Friezen. It stypjen fan de taal is net allinnich in fersin foar de taal sels, mar ek in wize om de Fryske kultuer en identiteit te bewarjen en te fersterkjen. De Fryske taal is in essinsjeel en ferbûn aspekt fan ús mienskip, en troch it ferdigjen fan de taal, kin de unike rike skiednis fan Fryslân troch de tiid hinne libje bliuwe.

Cultural organizations, such as the Frisian Academy and Omrop Fryslân, have also played crucial roles in supporting the Frisian language. Omrop Fryslân is a public broadcaster that airs Frisian programs on radio and television, while the Frisian Academy conducts scientific research into the Frisian language and culture.

Preserving and revitalizing the Frisian language is an ongoing process that requires collective effort from the Frisian community. Supporting the language is not only beneficial for the language itself but also a way to preserve and strengthen Frisian culture and identity. The Frisian language is an essential and connected aspect of our community, and by safeguarding the language, the unique rich history of Frisia can continue to thrive through time.

Omtinken - attention
Ôfrûne - past
Tredderôl - secondary role
Ferankere - anchored
Ferplicht - mandatory
Omrop - broadcaster
Fersin - investment
Ferbûn - connected
Mienskip - community
Skiednis - history
Oanmoedigje - encourage
Fereasket - requires

FRYSKE MYTHOLOGY EN FOLKLORE: LÉGINDEN EN FERHALEN FAN FRYSLÂN

De Fryske mythology en folklore hawwe in ryk en ynteressant ferline, fol fan lûd rike léginden en ferhalen dy't de kultuer fan Fryslân weefje. Troch de iuwen hinne hat Fryslân in protte oerleveringen en tradysjes bewarre, dy't ús ynsjoch jouwe yn de rike en mystike wrâld fan de Fryske folksgeast.

Léginden fan goden, helden en de natuer binne in essinsjeel ûnderdiel fan de Fryske mythology. Sa is de léginde fan Wraldpyk, de wrâldbuorker dy't de séwinen befride koe, ien fan de bekendste heldenferhalen yn Fryslân. Dêrnjonken is der ek de léginde fan God Hjirte, de god fan de natuer en de fruchtberens. Yn dizze léginden spylje natuerferskynsels en mystike wêzens in grutte rol en wurdde it ferbyldingsfermogen fan de Friezen oanspoare.

Folkloristyske ferhalen en tradysjes jouwe ús ynsjoch yn de deistige libbens fan de Friezen. Ferhalen fan ûnderaardse wezens, lykas de Elfkes, dwelke de ynteresse en bewûndering fan de Friezen yn de natuer wekker. It fertroude ferhaal fan It Skûtsje, it lêste séskip mei seilen, ferbyldet it libben fan de Friezen oan de wetterskant.

Ek feestdagen en tradysjes, sa as it Sinteklaasfeest, ferriike de Fryske folklore. It Sinteklaasfeest is ien fan de wichtichste tradysjes yn Fryslân, dêr't bern kado's en lekkernijen krije. Dizze tradysje is net allinne in feestlike gelegenheid, mar ek in tiid fan gearkomsten en mienskiplikens.

FRISIAN MYTHOLOGY AND FOLKLORE: LEGENDS AND TALES OF FRISIA

Frisian mythology and folklore have a rich and fascinating history, filled with vibrant legends and tales that weave the culture of Frisia. Throughout the centuries, Frisia has preserved many traditions and customs that provide insight into the rich and mystical world of Frisian folk spirit.

Legends of gods, heroes, and nature are an essential part of Frisian mythology. For example, the legend of Wraldpyk, the world farmer who could calm the sea, is one of the most well-known hero tales in Frisia. Additionally, there is the legend of God Hjirte, the god of nature and fertility. These legends involve natural phenomena and mystical beings, stimulating the imagination of the Frisians.

Folkloric stories and traditions offer insights into the daily lives of the Frisians. Stories of underground creatures, such as the Elfkes, spark the interest and admiration of the Frisians for nature. The familiar tale of It Skûtsje, the last sailing cargo ship, depicts the lives of the Frisians by the waterside.

Festivities and traditions, such as the Sinterklaas celebration, enrich Frisian folklore. The Sinterklaas celebration is one of the most important traditions in Frisia, where children receive gifts and treats. This tradition is not only a festive occasion but also a time of gathering and community.

Fryske oerleveringen gean ek oer histoaryske figueren, lykas Grutte Pier en Grutte Freark. Grutte Pier wie in dappere kening dy't tsjin de Hollânske en Saksyske oerhearsking focht en de Fryske Friiheid ferdidege. Grutte Freark wie in legindaryske fûgelstrúnder dy't de kusten fan Fryslân ôfstrúnge.

De Fryske mythology en folklore is in rike rjochfeardiging fan de Fryske kultuer en identiteit. Dy ferhalen bringe ûs tichterby de waarden en oertsjûgingen fan de Friezen, en helpe ús te begripen wêrom't dizze lûd en romantezearre oerleveringen sa wichtich binne foar de Fryske mienskip. Yn de ferhalen fan de Friezen libbet har ûnderfinings, dreamen en fantasijen, en troch it fertellen fan dizze ferhalen, drage wy de rike kultuer fan Fryslân fierder yn de takomst.

Frisian legends also revolve around historical figures, such as Grutte Pier and Grutte Freark. Grutte Pier was a brave king who fought against the Dutch and Saxon domination and defended Frisian Freedom. Grutte Freark was a legendary bird catcher who roamed the coasts of Frisia.

Frisian mythology and folklore are a rich testament to Frisian culture and identity. These stories bring us closer to the values and beliefs of the Frisians, and help us understand why these vivid and romanticized legends are so important to the Frisian community. In the stories of the Frisians, their experiences, dreams, and fantasies come alive, and by passing down these tales, we carry forward the rich culture of Frisia into the future.

Dwelke - enchant
Bewûndering - admiration
Gearkomsten - gatherings
Fûgelstrûnder - bird catcher
Ûnderfinings - experiences
Gearwurk - woven
Natuerferskynsels - natural phenomena
Fruchtberens - fertility
Útdagingen - challenges
Ferriike - enrich

FRYSKE RENAISSANSE: KULTUREEL EN YNTELLEKTUEEL OPBLOEI YN DE FRYSKE MIENSKIP

De Fryske Renaissanse wie in tiid fan kulturele en yntellektuele opbloei yn de Fryske mienskip. Yn de 16e en 17e ieu stiene Fryslân en syn haadstêd Ljouwert bekend as sintra foar kulturele en wittenskiplike útwikseling. Yn dizze tiid wie der in groeiende belangstelling foar de Fryske taal, literatuer, keunst en wittenskip.

De Fryske taal en literatuer krigen yn dy tiid in fersterke posysje. Skriuwers, dichters en redenaars skreauwen yn it Frysk en wiene ynspirearre troch de Fryske tradysje en folklore. Dizze literêre opbloei hie in grutte ynfloed op de Fryske kultuer en identiteit.

De Fryske Renaissanse kaam ek ta útdrukking yn de keunst. Byldzjende keunstners en skilders yn Fryslân begûnen de Fryske mienskip en kultuer ôf te beeljendzjen. De stêd Ljouwert wie in sintrum foar keunstneres om te kommen en harren wurk te útstallen. It Fryslân fan dy tiid hie in bloeiende keunstgemeenskip dy't de Fryske identiteit fierder fersterke.

Ek op it mêd fan wittenskip wie de Fryske Renaissanse fan grutte betsjutting. Fryske wittenskippers en gelearde mannen skreaunen oer ferskate ûnderwerpen, lykas geografy, matematika en wittenskiplike ûndersyk. Dy wittenskiplike ûnderfinings hawwe bydroegen oan de kennis en ynsjoch yn dy tiid.

FRISIAN RENAISSANCE: CULTURAL AND INTELLECTUAL FLOURISHING IN FRISIAN SOCIETY

The Frisian Renaissance was a period of cultural and intellectual flourishing in the Frisian community. In the 16th and 17th centuries, Friesland and its capital Leeuwarden were known as centers of cultural and scientific exchange. During this time, there was a growing interest in the Frisian language, literature, art, and science.

The Frisian language and literature gained a strengthened position during that time. Writers, poets, and orators wrote in Frisian and were inspired by Frisian tradition and folklore. This literary flourishing had a significant impact on Frisian culture and identity.

The Frisian Renaissance was also expressed in the arts. Visual artists and painters in Friesland began to depict the Frisian community and culture. The city of Leeuwarden was a hub for artists to come and exhibit their work. The Friesland of that time had a flourishing art community that further strengthened the Frisian identity.

On the front of science, the Frisian Renaissance was of great significance. Frisian scientists and scholars wrote about various subjects, such as geography, mathematics, and scientific research. These scientific experiences contributed to the knowledge and insight of that time.

Hjoed-de-dei is de erfskip fan de Fryske Renaissanse noch altyd te finen yn de Fryske mienskip. De Fryske taal en literatuer spylje in wichtige rol yn de kultuer fan Fryslân. It wurk fan Fryske skriuwers, dichters en keunstners bliuwt ynspirearrend foar de hjoed-de-deiske generaasjes.

De Fryske Renaissanse wie in tiid fan kreativiteit en ferbylding, en de kulturele en yntellektuele opbloei hawwe in djippe ynfloed hân op de Fryske mienskip. Troch it ferdjipjen yn de rike skiednis fan Fryslân kinne wy in djipper ynsjoch krije yn ús eigen identiteit en de rykdom fan ús kultuer. De Fryske Renaissanse is in ferfolch fan ús ferline, dat ús ek hjoed-de-dei ynspirearret en ús rjochting jout foar de takomst.

Today, the legacy of the Frisian Renaissance is still present in the Frisian community. The Frisian language and literature play an important role in the culture of Friesland. The work of Frisian writers, poets, and artists continues to inspire the present generations.

The Frisian Renaissance was a time of creativity and imagination, and the cultural and intellectual flourishing had a profound influence on the Frisian community. By delving into the rich history of Friesland, we can gain a deeper insight into our own identity and the richness of our culture. The Frisian Renaissance is a continuation of our past, inspiring us today and guiding us towards the future.

Wittenskippers - scientists
Gelearde - scholars
Bliuwt - remains
Ferbylding - imagination
Ûnderwiis - education

DE FRYSKE KUSTGEMEENSKIPPEN: LIBBEN EN TRADYSJES YN KUST-FRYSLÂN

De Fryske kustgemeenskippen hawwe al ieuwenlang in tichte bân mei de see en it wetter. De kust fan Fryslân, mei syn fûgels en fiskerij, spilet in wichtige rol yn it deistich libben fan de Friezen. De libbensstil en tradysjes fan de kustbewenners reflektearje harren ûnderfinings mei de wetterwrâld en de natuer om har hinne.

Yn de kustgebieten fan Fryslân kinne wy tradisjonele beroppen as fiskerij en bargenfongst weromfine. Fiskers en bargers hawwe in sterke ferbûnens mei de see en binne ôfhinklik fan it wisseljende tij- en seizoenspatroan fan it wetter. It fangen fan fisk en it bargen fan selselskip is net allinne in middel fan bestean, mar ek in oerskieding fan de kultuer fan de kustgemeenskippen.

It âlde ambacht fan bargerij en fiskerij is ek te finen yn de tradysjes en feestdagen fan de kustbewenners. Sa wurdt de feestdei fan Sint Piter yn in tal kustdoarpen yn de winter fierd. Yn dit feest wurdt de kombinaasje fan bargenfongst en it kultuererfgoed fan de kust mienskiplik fierd.

De kustgemeenskippen hawwe harren eigen muzyk en dûnsskoallen, dy't harren wûnderfollen kultuer en identiteit ûnderstreke. Muzyk en dûns spylje in grutte rol yn de feesten en gearkomsten fan de kustbewenners. It is in wize om harren ferbûnens mei de see en elkoar te fieren.

THE FRISIAN COASTAL COMMUNITIES: LIFE AND TRADITIONS IN COASTAL FRISIA

The Frisian coastal communities have had a close bond with the sea and water for centuries. The coastline of Friesland, with its birds and fishing, plays a significant role in the daily lives of the Frisians. The lifestyle and traditions of the coastal residents reflect their experiences with the water world and the nature around them.

In the coastal regions of Friesland, we can find traditional professions such as fishing and shrimp harvesting. Fishermen and shrimp catchers have a strong connection with the sea and depend on the changing tide and seasonal patterns of the water. Catching fish and harvesting shrimp are not only a means of livelihood but also a reflection of the culture of the coastal communities.

The ancient crafts of shrimp harvesting and fishing are also reflected in the traditions and holidays of the coastal inhabitants. For example, the feast day of St. Peter is celebrated in several coastal villages during winter. In this celebration, the combination of shrimp harvesting and the cultural heritage of the coast is collectively honored.

The coastal communities have their own music and dance schools, which emphasize their wonderful culture and identity. Music and dance play a significant role in the festivities and gatherings of the coastal residents. It is a way for them to celebrate their connection with the sea and with each other.

De kust fan Fryslân leit ek oan de basis fan in rike tradysje
fan seiljen en skûtsjesilen. De Fryske skûtsjes binne
tradisjonele Frisian lêstskippen dy't brûkt waarden foar it
ferfieren fan lêst fan it plattelân nei de stêden. e te learen
fan de libbenswiisheid fan de kustbewenners. Hjoed-de-dei
wurde de skûtsjes noch altyd brûkt foar kompetysjes en
fakânsjesailen, en it is in beoardering fan de kustidentiteit.

De kustbewenners hawwe ek harren eigen gastronomy mei
fisk en see-ingrediïnten. Fisk, garnaal en seegroente binne
tradisjonele produkten dy't harren unike smaak oan de
kustrecepten jaan.

It libben yn de Fryske kustgemeenskippen is in
bewûnderingsweardige ûntdekking fan de ûnderfinings mei
de see en it wetter. De tradysjes en levensstilen fan de
kustbewenners fersterke harren ferbûnens mei de natuer en
it rike erfgoed fan Fryslân. De kustgemeenskippen bliuwe in
wichtich en bysûnder diel fan de Fryske kultuer en identiteit,
en de wrâld hat in prott

The coastline of Friesland also forms the basis of a rich tradition of sailing and skûtsjesilen (sailing with traditional Frisian cargo ships). The Frisian skûtsjes are traditional cargo ships that were used to transport goods from the countryside to the cities. Today, the skûtsjes are still used for competitions and recreational sailing, and they are a representation of the coastal identity.

The coastal residents also have their own gastronomy, with fish and sea ingredients. Fish, shrimp, and sea vegetables are traditional products that give unique flavors to coastal recipes.

Life in the Frisian coastal communities is an admirable exploration of experiences with the sea and water. The traditions and ways of life of the coastal residents strengthen their connection with nature and the rich heritage of Friesland. The coastal communities remain an important and distinctive part of Frisian culture and identity, and the world has much to learn from the wisdom of the coastal inhabitants.

Bargenfongst - shrimp harvesting
Skûtsjesilen - sailing with traditional Frisian cargo ships
Ûntdekking - exploration
Ûnderstreke - emphasize
Garnaal - shrimp
Levensstilen - ways of life
Bewûnderingsweardige - admirable
Beoardering - representation

FRYSKE WEERSTAN YN DE TWADDE WRÂLDOARLOCH: HEROÏSKE DADEN EN STRIDEN

De Twadde Wrâldoarloch hie in djippe ynfloed op Fryslân en syn mienskip. De Friezen wienen net ûntsjinne fan de gefolgen fan de oarloch, en dochs kaam der in sterke en heldhaftige reaksje fan de Fryske mienskip tsjin de dútske besetting.

Yn de earste jierren fan de oarloch hat de Fryske mienskip hieltyd mear it gefoel fan ûnmacht en ûndogenheid fûn. Dútske besetters holden kontrolearre oer alle aspekten fan it deistich libben, en it Frysk wie ferbean. Mar ûndanks dizze tsjinslaggen, kaam der al gau in Fryske reaksje fan ûnderdrukking en werstân.

De Fryske mienskip hie altyd in grutte tradysje fan frijheid en selsbestjoer, en dat die bliken út harren reaksje tsjin de besetting. Fryske opstannen en sabotaazjes wiene gjin seldsumheid yn de earste jierren fan de oarloch. De Friezen hawwe har ferset toand tsjin de dútske ûnderdrukking, sels yn it gesicht fan gefaar en ferfolging.

In tal Fryske helden stiene op om de besetter te konfrontearjen. Sjoch as in Grutte Pier, dy't de Dútskers mei fertriet en dapperheid op it Bilt bewachte. Of Hannie Schaft, ek bekend as "it meisje mei it rûne each", dy't in ynspiraasje wie foar de Fryske en Nederlânske fersetbeweging.

De Fryske mienskip wie ek betûft yn it ferbergjen fan Joadske ûnderdûkers en oare folgelingen fan de besetter. Fryske famyljes, boeren en pastoars hawwe in wichtige rol spile yn it befrijen fan ûnderdûkers, dêr't sy harren libbens foar yn de waach stelden.

FRISIAN RESISTANCE DURING WORLD WAR II: HEROIC ACTS AND STRUGGLES

World War II had a profound impact on Friesland and its community. The Frisians were not spared from the consequences of the war, yet a strong and heroic response emerged from the Frisian community against the German occupation.

In the early years of the war, the Frisian community increasingly felt a sense of powerlessness and helplessness. German occupiers controlled all aspects of daily life, and the use of the Frisian language was prohibited. However, despite these setbacks, a Frisian reaction of resistance and defiance quickly emerged.

The Frisian community had a long tradition of freedom and self-governance, which was evident in their response to the occupation. Frisian uprisings and acts of sabotage were not uncommon in the early years of the war. The Frisians demonstrated their resistance against German oppression, even in the face of danger and persecution.

Several Frisian heroes stood up to confront the occupiers. Look at Grutte Pier, who guarded the coast with sorrow and bravery. Or Hannie Schaft, also known as "the girl with the round eyes," who became an inspiration for the Frisian and Dutch resistance movement.

The Frisian community was also adept at hiding Jewish refugees and other followers of the occupiers. Frisian families, farmers, and priests played an important role in rescuing refugees, risking their lives to do so.

Yn de lêste jierren fan de oarloch waard it Fryske lân in wichtich striidtoaniel yn de Slach om de Afslútdyk. De Fryske dielen fan de dyk waarden fan strategysk belang en wie it toaniel fan heftige gevechten tusken de geallieerden en de besetter. De Fryske mienskip bleau standfêstich yn harren wursting foar frijheid.

De Fryske weerstan tsjin de besetting hie in grutte kostoan priis, mei ûnder oaren taalferbieden en represailles fan de besetter. Mar it toant de heldhaftigens fan de Fryske mienskip en harren ûnwankelbere fêstberens yn harren striid foar frijheid en selsbestjoer.

De Twadde Wrâldoarloch hie in djippe en duorjende ynfloed op Fryslân en syn mienskip, mar it is de heldhaftige en fêstberne fersetbeweging fan de Friezen dy't harren ûnthâlden yn de skiednis. De Fryske weerstan wie in bêneamde lêst yn harren striid tsjin de besetter, en harren heldendieden bliuwe in ferfolch fan de Fryske kultuer en identiteit.

In the final years of the war, the Frisian land became an important battleground in the Battle of the Afsluitdijk. The Frisian sections of the dyke became of strategic importance and were the scene of fierce battles between the Allied forces and the occupiers. The Frisian community remained steadfast in their struggle for freedom.

The Frisian resistance against the occupation came at a high cost, with language prohibitions and reprisals from the occupiers. However, it showcased the heroism of the Frisian community and their unwavering determination in their fight for freedom and self-governance.

World War II had a deep and lasting impact on Friesland and its community, but it is the heroic and determined resistance movement of the Frisians that remains ingrained in history. The Frisian resistance was a prominent chapter in their struggle against the occupiers, and their heroic deeds continue to be a part of Frisian culture and identity.

Ûnmacht - powerlessness
Ûndogenheid - helplessness
Oarloch - war
Besetters - occupiers
Ûnderdrukking - oppression
Wurksting - struggle
Standfêstich - steadfast
Taalferbieden - language prohibitions
Fêstberens - determination
Bêneamde - prominent
Fersetbeweging - resistance movement
Fêstberne - ingrained
Ûnthâlden - remembered

FRYSKE IDENTITEIT EN REGIONALISME: FRYSKE KULTURELE ERFGOED YN DE MODERNE TIID

De Fryske identiteit en regionalisme binne wichtige aspekten fan de kultuer en de mienskip fan Fryslân. De Friezen hawwe al ieuwenlang harren eigen identiteit behâlden en dêrmei in djippe ferbûnens mei harren kultuer en taal.

De Fryske identiteit wurdt ûnder oaren ferklearre troch de taal. It Frysk is in offisjele taal fan Nederlân en hawwe Fryske skoallen en kursussen it Frysk mei sukses ferdiedige en oerein hâlden. De taal is in essinsjeel ûnderdiel fan de Fryske identiteit en wurdt neffens de UNESCO as bedrige kultureel erfguod sjoen.

Fryske tradysjes en kultuer binne ek wichtige pilaren fan de Fryske identiteit. De Friezen hâlde fêst oan tradysjes lykas it Skûtsjesilen, de Alvestêdetocht, en it Sinteklaasfeest. Dy tradysjes ferbûndzje de Friezen mei harren ferline en binne in wize om harren kultuer troch te jaan oan de takomstige generaasjes.

It regionalisme spilet ek in grutte rol yn de Fryske identiteit. Yn Fryslân hawwe de fjouwer regio's harren eigen identiteit, mei harren eigen dialekten en kultuer. It regionale sintra hâldt de Fryske mienskippe gear en is in grutte ynbring op de Fryske identiteit.

Yn de moderne tiid is de Fryske identiteit noch hieltyd sterk en libjendich. De Fryske taal en kultuer wurde mei grutte leafde en soarch trochjûn oan de folgjende generaasjes.

FRISIAN IDENTITY AND REGIONALISM: FRISIAN CULTURAL HERITAGE IN THE MODERN ERA

Frisian identity and regionalism are important aspects of the culture and community of Friesland. The Frisians have maintained their own identity for centuries, creating a deep connection with their culture and language.

The Frisian identity is, among other factors, defined by the language. Frisian is an official language of the Netherlands, and Frisian schools and courses have successfully defended and preserved the use of Frisian. The language is an essential part of the Frisian identity and is recognized by UNESCO as endangered cultural heritage.

Frisian traditions and culture are also significant pillars of the Frisian identity. The Frisians adhere to traditions such as Skûtsjesilen (sailing with traditional Frisian cargo ships), the Eleven Cities Tour, and the Sinterklaas celebration. These traditions connect the Frisians to their past and serve as a way to pass on their culture to future generations.

Regionalism also plays a major role in the Frisian identity. In Friesland, the four regions have their own identities, with distinct dialects and cultures. The regional centers bring the Frisian communities together and contribute significantly to the Frisian identity.

In the modern era, the Frisian identity remains strong and vibrant. The Frisian language and culture are lovingly and carefully passed down to the next generations.

De Fryske mienskip is ek hiel aktief yn it behâld fan harren kultuer en identiteit, mei in protte kulturele eveneminten en festivals dy't de Fryske tradysjes en kultuer fernijt en fertsjintwurdiget.

Yn de moderne tiid stiet de Fryske identiteit ek foar útdagingen. Globalisaasje en technologyske foarútgong kinne in ynfloed hawwe op de tradysjes en taal. Mar de Friezen hâlde fêst oan harren identiteit en sette harren yn foar it behâld fan harren kultureel erfguod.

De Fryske identiteit en regionalisme bliuwe in sterke en wichtige krêft yn de kultuer fan Fryslân. Troch it bewûnderjen en behâlden fan harren kulturele erfguod kinne de Friezen harren identiteit fierder yn de takomst draachje en harren kultuer mei oare mienskippen dêle.

The Frisian community is also very active in preserving their culture and identity, organizing numerous cultural events and festivals that renew and represent Frisian traditions and culture.

In the modern era, the Frisian identity also faces challenges. Globalization and technological progress can impact traditions and language. However, the Frisians hold on to their identity and work to preserve their cultural heritage.

The Frisian identity and regionalism continue to be a strong and significant force in the culture of Friesland. By admiring and preserving their cultural heritage, the Frisians can carry their identity into the future and share their culture with other communities.

Ferklearre - defined
Oerein hâlden - upheld
Fernijt - renews
Fertsjintwurdiget - represents
Foarútgong - progress
Draachje - carry
Ferfolging - persecution
Bedrige - endangered
Ynbring - contribution

LJOUWERT: KULTURELE SINTRA FAN FRYSLÂN

Ljouwert, de haadstêd fan Fryslân, is in stêd rik oan rike skiednis en kultuer. Mei syn prachtige grêften, âlde gebouwen en moderne ynfrastruktuer is Ljouwert in unike kombinaasje fan histoaryske en moderne eleminten.

De skiednis fan Ljouwert giet werom oant yn de Midsieuwen. Yn de 16e en 17e ieu bloeide de stêd as in sintra fan kulturele en yntellektuele útwikseling. It wie de tiid fan de Fryske Renaissanse, dêr't skriuwers, dichters en keunstners ynspirearre waarden troch de rike Fryske tradysje. De stêd stie bekend as in plak fan kennis en ynsjoch.

Hjoed-de-dei is Ljouwert noch altyd in belangryk kultureel sintrum. It is thúsbasis fan it Frysk Museum, wêr't besikers in djippe dûk meitsje kinne yn de Fryske skiednis en kultuer. It Princessehof Nasjonaal Kultuerhistoarysk Museum is it nasjonaal kearlingsmuseum fan Nederlân en toant in rykdom oan kearlings en keunst.

De kultuer yn Ljouwert is ek te finen yn de talrike festivals en eveneminten dy't de stêd rik is. De Aldehou, in jierliks festival dat it libben yn de Midsieuwen neierby bringt, trekt besikers fan fier en nij. Ek it Frysk Festival, in grutte kultuerfiifdei mei muzyk, teater en keunst, feroaret Ljouwert yn in kreatyf mienskipsplak.

Ljouwert is ek beroemd om syn keunst en kulturele ynnovaasje. De stêd is yn 2018 uterôpen ta Kulturele Haadstêd fan Europa, dêr't tal fan projekten en ynisjativen útfierd waarden om kultuer en kreativiteit te fieren. Ljouwert toant syn ynternasjonale fyzje en is in broeiplak foar nije ideeën en eksperiminten.

LEEUWARDEN: CULTURAL CENTER OF FRIESLAND

Leeuwarden, the capital of Friesland, is a city rich in history and culture. With its beautiful canals, old buildings, and modern infrastructure, Leeuwarden offers a unique blend of historical and contemporary elements.

The history of Leeuwarden dates back to the Middle Ages. In the 16th and 17th centuries, the city flourished as a center of cultural and intellectual exchange. It was a time of Frisian Renaissance, where writers, poets, and artists were inspired by the rich Frisian tradition. The city was renowned as a place of knowledge and insight.

Today, Leeuwarden remains an important cultural center. It is home to the Frisian Museum, where visitors can dive deep into the history and culture of Friesland. The Princessehof National Museum of Ceramics is the national ceramics museum of the Netherlands and displays a wealth of ceramics and art.

The culture in Leeuwarden can also be experienced through numerous festivals and events. The Aldehou, an annual festival that brings medieval life to the present, attracts visitors from near and far. The Frysk Festival, a large cultural five-day event with music, theater, and art, transforms Leeuwarden into a creative community space.

Leeuwarden is also renowned for its art and cultural innovation. In 2018, the city was designated as the European Capital of Culture, where numerous projects and initiatives were carried out to celebrate culture and creativity. Leeuwarden showcases its international vision and serves as a breeding ground for new ideas and experiments.

De Fryske taal en identiteit spylje ek in grutte rol yn
Ljouwert. It Frysk is in wichtich ûnderdiel fan de kultuer fan
de stêd en wurdt hieltyd mear brûkt yn it ûnderwiis,
ynstitúsjes en de mienskip. De stêd stiet ek bekend om syn
Fryske teater, muzyk en literatuer, dy't bydrage oan de
Fryske identiteit en kultuer.

Ljouwert is in stêd fan ferbining, kreativiteit en tradysje. It
hâldt fêst oan syn rike skiednis en kultuer, mar is tagelyk in
brûsplak foar kulturele ynnovaasje en eksperimintaasje. As
haadstêd fan Fryslân is Ljouwert in kulturele sintra fan
betsjutting en in pleats wêr't de Fryske identiteit mei grutte
leafde en ferbûnens fersterke wurdt.

Ynsjoch - insight   Broeiplak - breeding ground
Uterôpen - designated

SNITS: WETTERSTÊD FAN FRYSLÂN

Snits is in prachtige wetterstêd yn it hert fan Fryslân. Mei
syn talrike grêften, âlde gebouwen en dynamyske sfeer, is
Snits in bysûndere bestimming foar ynwenners en besikers.

De skiednis fan Snits giet werom oant yn de Midsieuwen.
De stêd waard stift yn de 10e ieu en is sûnt dy tiid útgroeid
ta in kultureel en ekonomysk sintrum fan de provinsje. Snits
wie oait in wichtich hanzeplak en wie bekind om syn
lêderynstrusje en sylskoalle.

The Frisian language and identity also play a significant role in Leeuwarden. Frisian is an essential part of the city's culture and is increasingly used in education, institutions, and the community. The city is also known for its Frisian theater, music, and literature, which contribute to the Frisian identity and culture.

Leeuwarden is a city of connection, creativity, and tradition. It embraces its rich history and culture while serving as a hub for cultural innovation and experimentation. As the capital of Friesland, Leeuwarden holds great importance as a cultural center and a place where the Frisian identity is strengthened with love and affinity.

Kearlings - ceramics   Bêstsjutting - importance
Ferbûnens - affinity   Betsjutting - significance

SNEEK: WATER CITY OF FRIESLAND

Sneek is a beautiful water city in the heart of Friesland. With its numerous canals, old buildings, and dynamic atmosphere, Sneek is a special destination for residents and visitors alike.

The history of Sneek dates back to the Middle Ages. The city was founded in the 10th century and has since grown into a cultural and economic center of the province. Sneek was once an important Hanseatic city and was known for its leather industry and sailing school.

Yn de hjoeddeiske tiid is Snits in moderne stêd mei in rike skiednis. De grêften, dy't yn it ferline in rol spilen yn de hanzeperioade, jouwe de stêd in unyk karakter. It is in wûnder om troch de stegen en oer de brêgen te kuierjen en de prachtige âlde huzen te bewûnderjen.

Snits is ek bekend om syn sport en kultuer. It is de plak wêr't it Sile mei de Kameleon boeken fan Hylke Speerstra ferbûn is. Yn de simmer moatte besikers de Fryske dikenrally, it SKS Skûtsjesilen, net misse. De stêd biedt ek in protte mooglikheden om te keatsen, te seilen en te fytsen yn de omkriten.

De kultuer yn Snits is ek ryk en ferskaatsum. De stêd hat tal fan muzyk- en keunstfoarstellingen, mei it Theater Sneek as in belangryk sintrum foar de kulturele aktiviteiten. Byldzjende keunstners hawwe ek in protte romte om harren wurk te toanen yn galerys en eksposysjes.

De ynwenners fan Snits binne grutsk op harren stêd en sette harren yn foar it behâld fan harren kulturele en historyske erfguod. It Fries Scheepvaart Museum, it Nationaal Modelspoor Museum, en it Fries Museum jouwe besikers in ynkelde reis troch de skiednis fan Fryslân en syn bewenners.

Snits is in stêd mei in hiel eigen identiteit en karakter. De wettergrêften en de rike kultuer meitsje Snits ta in unike en boeiende bestimming. As wetterstêd fan Fryslân is Snits in plak wêr't de ferline en de takomst meiinoar gearkomme en de Fryske tradysjes en kultuer fierd wurde.

In modern times, Sneek is a vibrant city with a rich history. The canals, which played a role during the Hanseatic period, give the city a unique character. It is a delight to stroll through the streets and over the bridges, admiring the beautiful old houses.

Sneek is also known for its sports and culture. It is the place where the Sailing with the Kameleon books by Hylke Speerstra are connected. In the summer, visitors should not miss the Frisian Eleven Cities Tour and the SKS Skûtsjesilen (sailing) events. The city also offers plenty of opportunities for playing traditional Frisian sports like "keatsen" (Frisian handball), sailing, and cycling in the surrounding areas.

The culture in Sneek is also rich and diverse. The city hosts numerous music and art performances, with the Theater Sneek as a significant center for cultural activities. Visual artists have ample space to showcase their work in galleries and exhibitions.

The residents of Sneek take pride in their city and work to preserve their cultural and historical heritage. The Fries Scheepvaart Museum (Frisian Maritime Museum), the Nationaal Modelspoor Museum (National Model Train Museum), and the Fries Museum offer visitors a fascinating journey through the history of Friesland and its inhabitants.

Sneek is a city with its own unique identity and character. The water canals and rich culture make Sneek a distinctive and captivating destination. As the water city of Friesland, Sneek is a place where the past and future come together, and the Frisian traditions and culture are celebrated.

Hjoeddeiske - modern   Ferskaatsum - diverse
Dikenrally - Eleven Cities Tour
Byldzjende - visual
Modelspoor - model train

HARNS: POARTE NEI DE SEE

Harns, ek bekend as Harlingen, is in prachtige havenstêd yn it noarden fan Fryslân. Mei syn rykdom oan kultuer, maritieme skiednis en de prachtige Noardsee oan syn feroare, is Harns in bysûndere en boeiende bestimming foar reizigers en lokalen.

De skiednis fan Harns giet werom oant yn de Midsieuwen. Yn de 17e ieu wie Harns ien fan de sjipperijhavens fan de Nederlânske Republyk, en it wie in wichtich hanzeplak. It stie bekend om syn tûke seefarders en skipfeart, dy't bydroegen oan de ekonomyske wolfeart fan de stêd.

Hjoed-de-dei is Harns in moderne havenstêd mei in rike maritieme tradysje. De haven is noch altyd in belangryk senu fan kearlingstsjin (kearlinghandel) en frachtferfier, en besikers kinne de prachtige ferskaatsumens fan skippen yn de haven bewûnderje. Ek it Wadden Sea Heritage Center, in ynformaasjesintrum oer it Waddengebiet, biedt in ynsjoch yn de unike bio-diversiteit fan de Noardsee.

Harns hat ek in rûge kustlinje, mei in moai strân dat reizigers oanlûkt om te genietsjen fan de sân, see en sinne. De prachtige fytsrûtes en wannelingen lâns de kust binne in must foar natuerleafhawwers en rekreaasjeleafhawwers.

De kultuer yn Harns is ek ryk en ferskaatsum. It is de plak wêr't it tûnkerskeat (kaatstoernooi) in grut barren is, en keatssporters fan ferskate nivo's meitsje harren op foar dizze wedstryd. Ek de Harnzer fiskersmienskip is in wichtich ûnderdiel fan de kultuer fan de stêd, mei harren tradysjes en folkgeloof.

HARLINGEN: GATEWAY TO THE SEA

Harlingen is a beautiful harbor city in the northern part of Friesland. With its richness in culture, maritime history, and the stunning North Sea at its doorstep, Harlingen is a unique and captivating destination for travelers and locals alike.

The history of Harlingen dates back to the Middle Ages. In the 17th century, Harlingen was one of the shipbuilding ports of the Dutch Republic and an important Hanseatic city. It was renowned for its skilled seafarers and maritime trade, contributing to the city's economic prosperity.

Today, Harlingen is a modern harbor city with a rich maritime tradition. The harbor remains a vital center for the fishing industry and cargo transport, and visitors can admire the beautiful variety of ships docked in the port. Additionally, the Wadden Sea Heritage Center provides insight into the unique biodiversity of the North Sea.

Harlingen also boasts a rugged coastline, with a beautiful beach attracting visitors to enjoy the sand, sea, and sun. The picturesque cycling routes and coastal walks are a must for nature lovers and recreation enthusiasts.

The culture in Harlingen is diverse and rich. The city hosts the "tûnkerskeat" (kaatsen tournament), a major event in Frisian culture, where athletes of different levels compete in this traditional Frisian sport. The Harlinger fishing community is also an integral part of the city's culture, with its own traditions and folklore.

Harns is in stêd mei in grutte leafde foar muzyk en keunst. It
is thúsbasis foar tal fan muzyk- en keunstfestivals, dêr't
artysten harren talinten sjen litte kinne. It is in mienskip fan
kreative en artistike geasten, dy't harren kultuer en
kreativiteit mei oare minsken dêle.

Yn Harns kinne besikers ek de rike skiednis fan de stêd
ûntdekke. It Hannemahûs Museum, it Hannemahûs
Museum, en it Stadhuis Museum jouwe in ynsjoch yn de
kultuer en skiednis fan de stêd, fan de 17e ieu oant hjoed-
de-dei.

Harns is in stêd mei in hiel eigen karakter en identiteit. As
poarte nei de Noardsee is Harns in stêd fan skatten, fan
maritieme aventoeren en kulturele ferrikking. Reizigers kinne
hjir in reis meitsje troch de tiid, de kultuer en tradysjes fan
Harns ûntdekke, en it moaie Waddengebiet ûntdekke.

Harlingen is a city with a great love for music and art. It serves as the home base for numerous music and art festivals, where artists showcase their talents. It is a community of creative and artistic minds who share their culture and creativity with others.

In Harlingen, visitors can also explore the city's rich history. The Hannemahûs Museum, the Hannemahûs Museum, and the Stadhuis Museum provide insight into the city's culture and history, from the 17th century to the present day.

Harlingen is a city with its own distinct character and identity. As the gateway to the North Sea, Harlingen is a city of treasures, maritime adventures, and cultural enrichment. Travelers can embark on a journey through time, discovering the culture and traditions of Harlingen, and explore the beautiful Wadden Sea region.

Kearlingstsjin - kearling trading
Tûnkerskeat - kaatsen tournament
Fytsrûtes - cycling routes
Wannelingen - coastal walks
Keatssporters - kaats players
Ferskate - various
Folkgeloof - folklore
Ferrikking - enrichment
Waddengebiet - Wadden Sea region
Poarte - gateway
Troch de tiid - through time
Rekreaasjeleafhawwers - recreation enthusiasts

FRJENTSJER: STÊD FAN WITTENSKIP EN SKIEDNIS

Frjentsjer, ek bekend as Franeker, is in prachtige stêd yn it hart fan Fryslân. Mei syn rike kultuer, histoaryske grêften en kundige universiteit, hat Frjentsjer in bysûnder plak yn de Fryske mienskip.

De skiednis fan Frjentsjer giet werom oant yn de Midsieuwen. Yn de 16e ieu waard de stêd in belangryk hanzeplak, wêrtroch't it in sintrum fan handel en keunst waard. Yn dy tiid wie Frjentsjer ek it haadplak fan de Universiteit fan Frjentsjer, dy't yn 1585 oprjochte waard en ien fan de earste universiteiten fan de Nederlânske Republyk wie.

Hjoed-de-dei is Frjentsjer noch altyd in kultureel sintrum. It stedsintrum mei syn âlde gebouwen en prachtige grêften biedt in ynsjoch yn de rike skiednis fan de stêd. It Eise Eisinga Planetarium, ien fan 'e âldste noch funksjonearjende planetaria ter wrâld, is in yndrukwekkend kultuerhistoarysk gebou en trekt besikers fan fier en nij.

De Universiteit fan Frjentsjer, dy't letter oan Barraheerd ferpleatst waard, hat noch altyd in wichtige rol yn it ûnderwiis. It stiet bekend om syn kundige stúdzje- en ûndersykprogramma's, dêr't studinten út ferskate lannen har talinten ûntwikkelje kinne.

Frjentsjer is ek in stêd mei in ryk ferieningslibben. De keatssport, in tradysjonele Frisyske sport, is hieltyd populêr yn de stêd. De iepenloftspullen en tal fan kulturele eveneminten bringe de mienskip byinoar en ferskaffe in gelegenheid om de Fryske kultuer en tradysjes te fieren.

FRANEKER: CITY OF SCIENCE AND HISTORY

Franeker, also known as Franeker, is a beautiful city in the heart of Friesland. With its rich culture, historical canals, and esteemed university, Franeker holds a special place in the Frisian community.

The history of Franeker dates back to the Middle Ages. In the 16th century, the city became an important Hanseatic city, making it a center of trade and art. During that time, Franeker also became the main location of the University of Franeker, founded in 1585 and one of the earliest universities in the Dutch Republic.

Today, Franeker remains a cultural center. The city center with its old buildings and beautiful canals offers insight into the rich history of the city. The Eise Eisinga Planetarium, one of the oldest functioning planetariums in the world, is an impressive cultural-historical building and attracts visitors from near and far.

The University of Franeker, later relocated to Barradeel, still plays an important role in education. It is renowned for its esteemed study and research programs, where students from various countries can develop their talents.

Franeker is also a city with a vibrant community life. The sport of "keatsen," a traditional Frisian sport, remains popular in the city. The open-air events and numerous cultural gatherings bring the community together and provide an opportunity to celebrate Frisian culture and traditions.

Frjentsjer is ek it plak wêr't it jaarlikse Frjentsjerter Fiskersfeest hâlden wurdt, in belangryk festival dat ferbûn is mei de maritieme skiednis fan de stêd. Fiskers fan ferskate plakken komme byinoar om harren ferbûnens mei de see te fieren en harren deistige wurk te sjen litte.

As in stêd fan wittenskip en skiednis hat Frjentsjer in djippe ferbûnens mei de Fryske kultuer en tradysjes. It is in plak dêr't histoaryske erfguod en moderne ynnovaasjes gearkomme en dêr't studinten, ynboarlingen en besikers in bysûnder kultureel aventoer ûnderfine kinne. Frjentsjer is in stêd mei in rike ferieningslibben en in plak dêr't de Fryske identiteit en kultuer mei grutte leafde en waardering fersterke wurde.

Grêften - canals   Yndrukwekkend - impressive
Undersykprogramma's - research programs
Ferieningslibben - community life
Keatssport - Frisian handball

KEATSSPORT: INGEAND FERLINE EN FERDIVEDAASJE

Keatssport, ek wol keatsen neamd, is in tradisjonele Fryske sport dy't yn it hiele lân populêr is. Mei in rike skiednis en in grutte folchoer fan yntusjaste beoefeners, hat keatsen in spesjale plak yn de herten fan Friezen.

Keatsen wurdt spile troch twa teams fan trije spilers, en it doel is om de "kaats" (in bal) oer it fjild te slaan en te besykjen te foarkommen dat it tsjinteilige team de kaats fangt. De sport fereasket in protte koördinaasje, snelheid en taktysk ynzicht, en it is in grutte útdaging om de bal sa te slaan dat de tsjinstanners him net fange kinne.

Franeker is also the place where the annual Franeker Fisherman's Festival is held, an important event connected to the city's maritime history. Fishermen from different places come together to celebrate their connection with the sea and showcase their daily work.

As a city of science and history, Franeker has a deep connection with Frisian culture and traditions. It is a place where historical heritage and modern innovations come together, offering students, residents, and visitors a unique cultural adventure. Franeker is a city with a vibrant community life and a place where the Frisian identity and culture are strengthened with great love and appreciation.

Iepenloftspullen - open-air events Ferbûnens - connected
Gelegenheid - opportunity   Ynboarlingen - residents
Yndersfrykske - Frisian identity   Ynnovearje - adventure
Oanlûke - attract

KEATSSPORT: RICH HISTORY AND RECREATION

Keatssport, also known as "keatsen," is a traditional Frisian sport that is popular throughout the country. With a rich history and a large following of enthusiastic participants, keatsen holds a special place in the hearts of Frisians.

Keatsen is played by two teams of three players, and the goal is to hit the "kaats" (a ball) across the field and try to prevent the opposing team from catching the kaats. The sport requires a lot of coordination, speed, and tactical insight, and it is a great challenge to hit the ball in a way that the opponents cannot catch it.

De skiednis fan keatssport giet werom oant yn de 16e ieu. It wie earst in boere-aktiviteit, mar waard al gau in offisjele sport mei kompetysjes en kampioenskippen. Keatsen is net allinnich in sport, mar ek in sosjaal barren, wêrby't de mienskip byelkoar komt om de spilers oan te moedigjen en te sjen wa't it bêste kin.

De Fryske keatsbond organisearret tal fan wedstriden troch it hiele jier hinne, mei it Fryske Kampioenskip as ien fan de hichtepunten. It is net allinnich in sport foar manlju, mar ek froulju en jeugd dogge mei oan de wedstriden en trainings.

In keatsfjild hat syn eigen spesjale yndieling, mei in "kaats" yn it midden, omrinne troch "banken". De doelen fan de tsjinstanners befine har oan de beide kanten fan it fjild, en it giet derom om de bal oer de tsjinstanners harren doel te slaan.

Keatsen is mear as in sport, it is in stikje Fryske kultuer en tradysje. It ferbynt generaasjes en bringt de mienskip byinoar. Fierders is it in útdaging foar de spilers om harren keunst te fernijen en harren taktiken te ferbetterjen.

Al mei al, keatsen is in bysûndere sport dy't net allinnich ferdwûn is yn de Fryske kultuer, mar ek in sport dy't feroaret en evoluearret mei de tiid. It is in moaie ferbining fan tradysje en ferdivedaasje, en it bliuwt hjoed-de-dei in wichtige en gelokkige diel fan de Fryske mienskip.

The history of keatssport dates back to the 16th century. It started as a farmer's activity but quickly became an official sport with competitions and championships. Keatsen is not just a sport, but also a social event, where the community comes together to encourage the players and see who performs the best.

The Frisian Keatsbond organizes numerous competitions throughout the year, with the Frisian Championship being one of the highlights. It is not only a sport for men, but also women and youth participate in the matches and training sessions.

A keatsfjild (keats field) has its own special layout, with a "kaats" in the center, surrounded by "banks" (benches). The goals of the opponents are situated on both sides of the field, and the aim is to hit the ball over the opponents' goals.

Keatsen is more than just a sport; it is a piece of Frisian culture and tradition. It connects generations and brings the community together. Furthermore, it is a challenge for the players to innovate their skills and improve their tactics.

All in all, keatsen is a unique sport that not only remains rooted in Frisian culture but also changes and evolves with time. It is a beautiful blend of tradition and recreation, and it continues to be an important and joyful part of the Frisian community today.

Oerhinne - Across
Doelen - Goals
Yndieling - Layout
Vernijen - Innovate
Ferdivedaasje - Recreation
Hichtepunten - Highlights

DOKKUM: STÊD FAN SKIEDNIS EN GASTFRIJHEID"

Dokkum is in prachtige stêd yn it noarden fan Fryslân en hat in rike skiednis dy't werom giet oant yn de Midsieuwen. Mei syn geskiedenis, kulturele erfguod en gastfrije mienskip, is Dokkum in ferskate en leaflike bestimming foar besikers.

De skiednis fan Dokkum is rjochtfeardige en fol legenden. It wie yn 754 dat Bonifatius, in Angelsaksyske missionaris, yn Dokkum op tragyske wize om it libben brocht waard. De Bonifatiuskapel en it Bonifatiusbyld binne stille getugen fan syn erfenis en trekkerspunten foar besikers.

Hjoed-de-dei is Dokkum in stêd fan skiednis en kultuer. It stedsintrum mei syn grêften, âlde gebouwen en smûke strjitten bringt in besite troch de tiid. It Stadhús, dat datearret út de 16e ieu, is in prachtich foarbyld fan de stêdsboukeunst út dy tiid. It Admiraliteitshûs, in stânpuntsje fan de Fryske Admiraliteit, jout in ynsjoch yn it maritieme ferline fan de stêd.

Dokkum is ek bekend om syn kulturele festivals en eveneminten. De Admiraliteitsdagen, in jierliks fjouwerkanteel festival, bringt muzyk, kultuer en it maritieme ferline fan Dokkum gear. It WinterFestival, dat op ein desimber plakfynt, bringt in sfearfolle tiid foar besikers, mei muzyk, teater en in tradisjonele wintermerk.

De gastfrije mienskip fan Dokkum makket it in pleats dêr't besikers har wolkom fiele. It is in stêd dêr't gastfrijheid en oandacht foar oaren wichtich binne. De lokale befolking is trotsk op harren stêd en dielt graach harren kultuer en tradysjes mei besikers.

DOKKUM: CITY OF HISTORY AND HOSPITALITY

Dokkum is a beautiful city in the northern part of Friesland with a rich history that dates back to the Middle Ages. With its history, cultural heritage, and hospitable community, Dokkum is a diverse and charming destination for visitors.

The history of Dokkum is just and full of legends. It was in 754 that Boniface, an Anglo-Saxon missionary, tragically lost his life in Dokkum. The Boniface Chapel and the Boniface Statue stand as silent witnesses to his legacy and are attractions for visitors.

Today, Dokkum is a city of history and culture. The city center with its canals, old buildings, and cozy streets takes visitors on a journey through time. The City Hall, dating back to the 16th century, is a beautiful example of city architecture from that time. The Admiraliteitshûs, a relic of the Frisian Admiralty, provides insight into the city's maritime past.

Dokkum is also known for its cultural festivals and events. The Admiraliteitsdagen, an annual four-day festival, brings music, culture, and Dokkum's maritime history together. The WinterFestival, taking place at the end of December, offers a festive time for visitors with music, theater, and a traditional winter market.

The hospitable community of Dokkum makes it a place where visitors feel welcome. It is a city where hospitality and attention to others are important. The local population takes pride in their city and gladly shares their culture and traditions with visitors.

De natuer om Dokkum hinne is ek rûch en ferskaatsum. It Noardlike Fryske Wetterskipsmuseum, dat de relaasje fan de Friezen mei it wetter útljochtet, is in nijsgjirrich besiteplak. De lânskips- en fytspaden meitsje it mooglik om te genietsjen fan de prachtige Fryske omkriten en de rustige bûtenleef.

Dokkum is in stêd mei in hiel eigen karakter en identiteit. It is in plak fan skiednis en kultuer, mar ek fan gastfrije mienskip en natuerlike skientme. In besite oan Dokkum is in ûntdekkingsreis troch de tiid en de kultuer fan Fryslân, en in oanke fan herte-wolkom troch de freonlike Dokkumers.

The nature around Dokkum is also rugged and diverse. The Noardlike Fryske Wetterskipsmuseum, which sheds light on the relationship between the Frisians and the water, is an interesting place to visit. The countryside and cycling paths allow visitors to enjoy the beautiful Frisian surroundings and the peaceful outdoor life.

Dokkum is a city with its own distinct character and identity. It is a place of history and culture, but also of a hospitable community and natural beauty. A visit to Dokkum is a journey through time and the culture of Friesland, and a warm welcome from the friendly people of Dokkum.

Trekkepunten - attractions
Stânpuntsje - relic
Fjouwerkanteel - four-day
Stêdsboukeunst - city architecture
Besiteplak - place to visit
Nijsgjirrich - interesting
Lânskips- en fytspaden - countryside and cycling paths
Bûtenleef - outdoor life
Ûntdekkingsreis - journey of discovery
Oanke - sense
Herte-wolkom - warm welcome
Natuerlike skientme - natural beauty
Rûch - rugged

PIETER JELLES TROELSTRA: DE GRUTTE FRYSKE FRIJHEIDSTRIDER

Pieter Jelles Troelstra wie in ferneamd Frysk politikus, skriuwer en frijheidstrider, dy't yn 'e 19e en 20e ieu syn stimpel drukte op de Fryske en Nederlânske politike skiednis. Hy waard berne yn 1860 yn it lytse doarp Wirdum, yn de provinsje Fryslân.

Troelstra waard al gau bekend troch syn talent as skriuwer en spreker. Hy waard lid fan de Sosjalistyske Beweging yn Nederlân en waard in lieder fan de Arbeidersbeweging. Yn 1893 kaam hy yn de Twadde Keamer fan it Nederlânske parlamint en wijdde him oan it ferdigenjen fan de belangen fan de arbeidersklasse.

Troelstra wie ek in grut foarstanner fan de Fryske taal en kultuer. Hy sette him yn foar it behâld en it fersterken fan de Fryske identiteit en stipe de beweging foar it Frysk ûnderwiis. Syn leafde foar Fryslân kaam ta útdrukking yn syn wurk as skriuwer, wêr't er poëzij en proaza yn de Fryske taal skreau.

Yn 1913 waard Troelstra de lieder fan de Sosjalistyske Partij en waard er in beliedsmakker mei in grutte efterban fan folgelingen. Yn novimber 1918 sette er syn bekende poging ta in sosjalistyske revolúsje op tou, mar dy mislearre. Dy gebeurtenis gie yn de skiednis yn as de "Troelstracoup". Syn rol yn dit barren hie grutte ynfloed op de politike ûntjouwingen yn Nederlân.

Troelstra wie net allinne in politikus, mar ek in man mei in grut hert foar de minsken dy't yn need wiene. Hy sette him yn foar sosjale ferbetteringen en arbeidsrjochtferbettering.

PIETER JELLES TROELSTRA: THE GREAT FRISIAN FREEDOM FIGHTER

Pieter Jelles Troelstra was a renowned Frisian politician, writer, and freedom fighter who left a significant mark on Frisian and Dutch political history in the 19th and 20th centuries. He was born in 1860 in the small village of Wirdum, in the province of Friesland.

Troelstra quickly became known for his talent as a writer and speaker. He became a member of the Socialist Movement in the Netherlands and emerged as a leader of the Labor Movement. In 1893, he was elected to the Dutch House of Representatives (Tweede Kamer) and devoted himself to advocating for the interests of the working class.

Troelstra was also a strong supporter of the Frisian language and culture. He worked to preserve and strengthen the Frisian identity and supported the movement for Frisian education. His love for Friesland was reflected in his writing, where he wrote poetry and prose in the Frisian language.

In 1913, Troelstra became the leader of the Socialist Party and became a prominent policymaker with a large following. In November 1918, he initiated a famous attempt at a socialist revolution, which ultimately failed. This event went down in history as the "Troelstra coup." His role in this event had a significant impact on the political developments in the Netherlands.

Troelstra was not only a politician but also a man with a big heart for people in need. He campaigned for social improvements and labor rights.

Syn striid foar rjochtfeardichheid en frijheid wie in inspiraasje foar folle Nederlanners.

De erfenis fan Pieter Jelles Troelstra libbet fierder yn de Fryske skiednis en kultuer. Syn yndrukwekkende wurk as politikus en skriuwer hat in wichtige plak yn de Fryske literatuer en ûnderwiis. Syn ûntjouwing ta in grutte Fryske frijheidstrider makke him ta in ûnferjitlik figuer yn de Fryske mienskip. Troelstra's idealen en striden foar in bûtenwenstige takomst bliuwe in inspiraasje foar generasjes nei him.

Beliedsmakker - policymaker
Ta útdrukking bringen - to express
Bûtenwenstige - outstanding

NYNKE LAVERMAN: DE FRYSKE STIMMIGE FERHALENFERTELLER

Nynke Laverman is in bysûnder talintearre Fryske sjongeres en ferhalenferteller. Berne yn 1980 yn de stêd Drachten, hat Laverman in djippe leafde foar de Fryske taal en kultuer. Har muzyk en optredens hawwe har yn de rin fan har karrrière in ynternasjonale reputaasje ferskaffe.

Al op jonge leeftyd ûntdekke Laverman har passy foar sjongen en muzyk. Se studearre teologyk, mar har leafde foar muzyk liet har net los. Yn har muzyk ferbynt Laverman op in bysûndere wize de tradisjonele Fryske lieten mei ynfloeden fan oare kultueren, lykas it flamenco-genre.

His fight for justice and freedom was an inspiration to many
Dutch people.

The legacy of Pieter Jelles Troelstra lives on in Frisian
history and culture. His impressive work as a politician and
writer holds an important place in Frisian literature and
education. His transformation into a great Frisian freedom
fighter made him an unforgettable figure in the Frisian
community. Troelstra's ideals and struggles for a better
future continue to inspire generations after him.

Ien fan 'e earste - one of the first
Ûnferjitlik - unforgettable
Bûtenwenstige - exceptional

NYNKE LAVERMAN: THE FRISIAN MELODIC STORYTELLER

Nynke Laverman is a uniquely talented Frisian singer and
storyteller. Born in 1980 in the city of Drachten, Laverman
has a deep love for the Frisian language and culture. Her
music and performances have earned her an international
reputation over the course of her career.

At a young age, Laverman discovered her passion for
singing and music. She studied theology, but her love for
music never left her. In her music, Laverman creatively
blends traditional Frisian songs with influences from other
cultures, such as the flamenco genre.

Laverman har debútalbum "Sielesâlt" kaam út yn 2003 en waard fuortdaliks priizge om har unike lûd en har ferskaatsumens yn it fersetsjen fan Fryske folksmuzyk. Har oersettink fan it ferslach fan de Welske skriuwer Dylan Thomas, "Under Milk Wood" yn 2009, wie in oar grut hichtepunt yn har karrière.

Yn har muzikale ferhalen feroaret Laverman de wurden yn bylden. Har stimme jout utering oan in djip ferstean fan poëzy en sjoenisme, mei de klanken fan de Fryske taal yn 'e foargrûn. Har optredens hawwe in yndrukwekkende wêze en wurde priizge troch kritisy en publyk.

Neffens Laverman is it net allinnich it fersetsjen fan de Fryske muzyk, mar ek it ferspraat fan de Fryske kultuer yn de wrâld. Se is in ambassadeur foar har memmetaal en pleitet foar it behâld en it fersterken fan de Fryske identiteit. Yn har lieten en ferskes bringt Laverman de Fryske skiednis en tradysjes ta libben.

Yn har karrière hat Laverman op tradisjonele poadia optredens jûn, mar se hat ek op net-alledaagse lokaasjes sân sjongen. Fan it sjongen op in stoarmakkerstún oan de Waadsee oant it optreden yn in âlde lânbouwen oan de grins fan Dútslân, Laverman wit in oantal bysûndere ferhalen te fertellen troch har muzyk.

Nynke Laverman hat in djippe yndruk efterlitten yn de Fryske muzyk- en kultuerwrâld. Har muzikale kreativiteit, har earbied foar de Fryske taal en har krêftige optredens meitsje har ta in ferneamd en gelokkige Fryske artyste dy't in ûnferjitlike stimpel achterlit op it Fryske kultuerelân.

Laverman's debut album "Sielesâlt" was released in 2003 and immediately praised for her unique sound and versatility in reinventing Frisian folk music. Her translation of the work of Welsh writer Dylan Thomas, "Under Milk Wood" in 2009, was another significant highlight in her career.

In her musical stories, Laverman transforms words into images. Her voice expresses a deep understanding of poetry and lyricism, with the sounds of the Frisian language taking center stage. Her performances are impressive and have garnered praise from critics and audiences.

According to Laverman, it is not only about reinventing Frisian music but also about spreading Frisian culture to the world. She is an ambassador for her mother tongue and advocates for preserving and strengthening the Frisian identity. Through her songs and melodies, Laverman brings Frisian history and traditions to life.

Throughout her career, Laverman has performed on traditional stages, but she has also sung in unconventional locations. From singing on a sandbank in the Wadden Sea to performing in an old barn on the German border, Laverman knows how to tell some extraordinary stories through her music.

Nynke Laverman has made a lasting impression on the Frisian music and cultural scene. Her musical creativity, respect for the Frisian language, and powerful performances make her a renowned and beloved Frisian artist, leaving an unforgettable mark on the Frisian cultural landscape.

Ferhalenferteller - storyteller   Lânbouwen - barn
Earbied - respect   Gelokkige - beloved
Sjoenisme - lyricism
Poadia - stages   Yn 'e foargrûn - in the foreground

LUTZ JACOBI: IN FRYSK IKOAN FOAR DE MIENSKIP

Lutz Jacobi is in bysûndere Fryske frou dy't har libben wijd hat oan it tsjinstean fan de mienskip en it behâld fan de Fryske taal en kultuer. Berne yn 1955 yn it doarp Koarnjum, hat Jacobi in grut hert foar Fryslân en har ynwenners.

Jacobi har karriêre begûn yn it ûnderwiis, dêr't se as ûnderwizer wurke. Har leafde foar de Fryske taal brocht har yn 1994 yn de Twadde Keamer, wêr't se it belang fan it Frysk yn it polityke debat ferklearre. Jacobi wie in fûleindich foarstanner fan it brûken fan it Frysk yn it ûnderwiis en yn de media.

Yn 2010 waard Jacobi benammen betûfte om har wurk as foarsitter fan de Steateminsje fan Fryslân. Yn dizze funksje sette se har yn foar it behâld fan it Fryske lânskip en de natuer. Se makke har sterk foar it ferduorsumjen fan de provinsje en it befoarderjen fan duorsume enerzjy-oplossingen.

Jacobi is ek betûfte yn it ûnderwerp fan sosjale saken. Har beliedsûntwikkelingen op it mêd fan wurk en sosjale sekerheid hawwe bydroegen oan it ferbetterjen fan it wolwêzen fan minsken yn Fryslân. Se sette har yn foar gelikens en it stipe fan minderheidsgroepen.

Yn har karriêre hat Jacobi hieltyd útstruid dat sy in mienskipslûker is. Se is ynteressearre yn it ferhaal fan elkenien, en set har hert yn foar it helpen fan minsken dy't har stipe nedich hawwe. Har ûntwikkeling ta in wichtige politikus yn Fryslân hat har ta in ikoan foar de Fryske mienskip makke.

LUTZ JACOBI: A FRISIAN ICON FOR THE COMMUNITY

Lutz Jacobi is a remarkable Frisian woman who has dedicated her life to serving the community and preserving the Frisian language and culture. Born in 1955 in the village of Koarnjum, Jacobi has a deep love for Friesland and its inhabitants.

Jacobi began her career in education, where she worked as a teacher. Her passion for the Frisian language led her to the Second Chamber of the Dutch Parliament in 1994, where she advocated for the importance of Frisian in the political debate. Jacobi was a strong supporter of using Frisian in education and in the media.

In 2010, Jacobi was notably appointed as the Chairwoman of the Provincial Council of Friesland. In this role, she advocated for the preservation of the Frisian landscape and nature. She championed the sustainability of the province and promoted sustainable energy solutions.

Jacobi is also well-versed in social matters. Her policy developments in the field of work and social security have contributed to improving the well-being of people in Friesland. She has advocated for equality and the support of minority groups.

Throughout her career, Jacobi has consistently shown herself to be a community leader. She is interested in everyone's story and puts her heart into helping people in need of support. Her rise to prominence as a politician in Friesland has made her an icon for the Frisian community.

Jacobi har wurk as in Fryske ikoan bliuwt net beheind ta it politike fjild. Sy set har ek yn as skriuwer en ferhalenferteller. Har boeken en ferhalen bringe de Fryske skiednis en tradysjes ta libben en wurde mei waarmte ûntfongen troch de mienskip.

Yn de Fryske mienskip wurdt Jacobi bewûndere om har ûnophâldlike ynset foar it behâld en it fersterken fan de Fryske taal en kultuer. Har mienskipslûkenens, fassinaasje foar de Fryske skiednis en belutsenens by sosjale saken meitsje har ta in bysûnder persoan yn de Fryske kultuer. Har ûnderstimming en stimme binne in klinkend gelûd foar de Fryske mienskip, en har yndrukwekkende karrière tsjûget fan har djippe leafde foar Fryslân en har minsken.

Jacobi's role as a Frisian icon is not limited to the political field. She is also an author and storyteller. Her books and stories bring Frisian history and traditions to life and are warmly received by the community.

In the Frisian community, Jacobi is admired for her unwavering commitment to preserving and strengthening the Frisian language and culture. Her community leadership, fascination with Frisian history, and involvement in social issues make her a special figure in Frisian culture. Her endorsement and voice are a resounding call for the Frisian community, and her impressive career testifies to her profound love for Friesland and its people.

Duorsume - sustainable
Ferduorsumjen - sustainability
Bliuwt net beheind ta - not limited to
Ûnophâldlike - unwavering
Ûnderwizer - teacher
Wolwêzen - well-being
Ûntfongen - received
Onderskied - distinction
Ûnderstimming - endorsement

TINEKE SCHOKKER: IN FERNEAMDE FRYSKE SKRIUWSTER EN FERHALENFERTELLER"

Tineke Schokker is in bysûndere Fryske frou dy't har spesjalisearre hat yn it skriuwen fan ferhalen en poëzij yn de Fryske taal. Berne yn it jier 1962 yn it doarp Sintjohannesga, hat Schokker har hiele libben wijd oan it keunstnereskip en it meitsjen fan muzyk.

Op jonge leeftyd ûntduts Schokker har passy foar it skriuwen en de krêft fan wurden. Har leafde foar de Fryske taal brocht har ta it skriuwen fan ferskes en poëzij yn har memmetaal. Har fersen en ferhalen wurde priizge om har byldzjende taalgebrûk en de djipgong fan har ûnderwerpen.

Yn har wurk bringt Schokker de Fryske kultuer en tradysjes ta libben. Har fersen en ferhalen binne in ympresje fan de romte en rûnte fan Fryslân, mei ynfloeden fan de Fryske natuer en it libben fan de Fryske mienskip. Har wurk ferbynt de keunstnereskip mei de wurklikheid en jout in ynfolling oan it Fryske lânskip fan tinzen en gefoelens.

Schokker har dichtwurk is in ynspiraasje foar folle Friezen, dy't har fersen en gedichten mei leafde yn 'e earms slute. Har dichtbondels binne in blomlêzing fan har keunstnereskip en wurde mei waarmte ûntfongen troch de lêzers.

Byldzjende keunst is net allinnich it dichtwurk fan Schokker. Se is ek in talintearre ferhalenferteller, dy't mei wurden bylden skeppe kin fan Fryske skiednis en tradysjes. Har ferhalen bringe de Fryske kultuer ta libben en litte de lêzer ynleven yn in wrâld fol ferbylding en betinkingskrêft.

TINEKE SCHOKKER: A RENOWNED FRISIAN WRITER AND STORYTELLER

Tineke Schokker is an extraordinary Frisian woman who has specialized in writing stories and poetry in the Frisian language. Born in the year 1962 in the village of Sintjohannesga, Schokker has dedicated her entire life to artistic expression and music-making.

At a young age, Schokker discovered her passion for writing and the power of words. Her love for the Frisian language led her to write songs and poetry in her mother tongue. Her poems and stories are praised for their vivid language usage and the depth of their subjects.

In her work, Schokker brings Frisian culture and traditions to life. Her poems and stories are an impression of the vastness and richness of Friesland, influenced by the Frisian nature and the life of the Frisian community. Her work connects artistic expression with reality, giving meaning to the Frisian landscape of thoughts and emotions.

Schokker's poetry is an inspiration to many Frisians, who embrace her verses and poems with affection. Her poetry collections are a compilation of her artistic expression and are warmly received by readers.

Visual art is not the only form of expression for Schokker. She is also a talented storyteller, who can create images of Frisian history and traditions through words. Her stories bring Frisian culture to life and immerse the reader in a world of imagination and creativity.

Troch har wurk hat Schokker har in bysûndere plak ferwurven yn de Fryske kultuer. Har keunstnereskip en talint hawwe har mei ûntjouwing makke ta in ferneamd figuer yn de Fryske keunst- en literêre wrâld. Har dichtbondels en ferhalen binne in klinkend gelûd foar de Fryske taal en kultuer, en har yndrukwekkende wurk is in erfenis dy't de Fryske mienskip noch lang ynspirearje sil.

Betinkingskrêft - creativity
Ferbylding - imagination

MATA HARI: DE FERNEAMDE FRYSKE SPYKSTER EN FRIJHEIDSTRIDER

Mata Hari wie in bysûndere frou, berne as Margaretha Geertruida Zelle yn 1876 yn it Fryske doarp Ljouwert. Se soe letter bekend wurde ûnder har artystenamme "Mata Hari", wat "de sinne" betsjutte yn it Yndonesysk. Al op jonge leeftyd útstriek se in grut talint foar dûns en muzyk, en se ferdjoech har yn de keunsten fan it ferlieden en de mystyk.

Yn har folwoeksen jierren feroare Mata Hari har yn in ferneamde en ferliedlike dûnseres. Har optredens yn Europeeske stêden makken har in ynternasjonale ster. Mar achter har artistike masker skûle in frou mei djippe aspiraasjes en in ferlet om har ûnderdrukke Frysk-Nederlânske identiteit te ferbreidzjen.

Mata Hari krige nammentlik mear en mear belangstelling foar politike saken, en har kontakten mei heechplaatste yntelliginsje-offisieren wekke argewaasje by de Dútske besetter yn de earste wrâldoarloch. Se waard beskuldige fan spionaazje en dûbel spul en yn 1917 feroardiele ta deastraf.

Through her work, Schokker has earned a special place in Frisian culture. Her artistry and talent have developed her into a renowned figure in the Frisian art and literary world. Her poetry collections and stories are a resounding voice for the Frisian language and culture, and her impressive work is a legacy that will continue to inspire the Frisian community for years to come.

Keunstnereskip - artistic expression
Klinkend gelûd - resounding voice

MATA HARI: THE FAMOUS FRISIAN SPY AND FREEDOM FIGHTER

Mata Hari was an extraordinary woman, born as Margaretha Geertruida Zelle in 1876 in the Frisian city of Leeuwarden. She would later become known by her stage name "Mata Hari," which means "the sun" in Indonesian. From a young age, she displayed a great talent for dance and music, and she immersed herself in the arts of the past and mysticism.

In her adulthood, Mata Hari transformed herself into a famous and seductive dancer. Her performances in European cities made her an international star. But behind her artistic mask, there was a woman with deep aspirations and a desire to spread her suppressed Frisian-Dutch identity.

Mata Hari became increasingly interested in political affairs, and her contacts with high-ranking intelligence officers aroused suspicion from the German occupiers during World War I. She was accused of espionage and double-crossing and was sentenced to death in 1917.

It ferhaal fan Mata Hari is fol mysterie en fernuft. Har dûnsen wie flamboaiânt en ferliedlik, mar har wurk efter de skermen wie like ûngripend. Se waard in heldin foar sommigen, dy't har seagen as in frijheidstrider dy't opkaam foar har eigen Fryske kultuer en taal. Oaren soene har bestempelje as in spion, in frou dy't har ynliet mei fermoardele ûndernimings.

Wat de wierheid ek wêze mei, Mata Hari hat sûnder mis in djippe yndruk efterlitten. Har libbensferhaal wurdt noch altyd ûnderfûn yn boeken, films en op it poadium. Har mysterieuze en ynfollende persoanlikheid is in ûnferjitlik part fan de Fryske kultuer.

It ferhaal fan Mata Hari is in ferfrjemdzjend mar ynspirearjend ferhaal oer in frou dy't har hiel libben wijd hat oan keunst, frijheid en ûnderdrukking. Har ôfkomst út Ljouwert en har ferbûnens mei de Fryske kultuer meitsje har ta in wichtige figuer yn de Fryske skiednis en in ikoan foar de frijheid fan uterings.

The story of Mata Hari is full of mystery and intrigue. Her dancing was flamboyant and alluring, but her work behind the scenes was equally captivating. She became a heroine for some, who saw her as a freedom fighter standing up for her own Frisian culture and language. Others would label her as a spy, a woman involved in dubious undertakings.

Whatever the truth may be, Mata Hari has undoubtedly left a profound impression. Her life story is still found in books, films, and on the stage. Her mysterious and enigmatic personality remains an unforgettable part of Frisian culture.

The story of Mata Hari is a strange yet inspiring tale of a woman who devoted her entire life to art, freedom, and oppression. Her origins from Leeuwarden and her connection to Frisian culture make her an important figure in Frisian history and an icon for the freedom of expression.

Ferliedlike - alluring
Deastraf - death penalty
Fernuft - intrigue
Ûnderfûn - experienced
Argewaasje - suspicion
Ferfrjemdzjend - strange
Oan - standing up for
Frijheid fan uterings - freedom of expression
Ienfâld - simplicity

NANNE TEPPER: DE FERNEAMDE FRYSKE SKRIUWER EN SYN UNIKE ERFSKIP

Nanne Tepper wie in bysûndere Fryske skriuwer, berne yn 1962 yn it doarp Stiens. Syn taalgenius en kreativiteit feroaren de Fryske literêre wrâld en liesers wiidweidich.

Tepper syn talint foar it skriuwen kaam al gau oan it ljocht, en op jonge leeftyd waard er fassinearre troch de krêft fan wurden en ferhalen. Yn syn wurk brocht er it Fryske libben ta libben, mei humor, irony en in skerpe blik op 'e wurklikheid. Syn ferhalen krigen in unike en persoanlike toan, dy't de lêzers meinaam yn in wrâld fan ferbylding en fassinaasje.

Syn earste roman, "De eeuwige jachtvelden" út 1995, makke grutte yndruk op de literêre gemeenskip. It boek waard bepûne troch de kritiken en Tepper waard bestempeld as in taalvirtuoas en in wichtige figuer yn de Fryske literatuer.

Tepper skreau net allinnich yn it Frysk, mar ek yn it Nederlânsk. Syn twatalichheid joech syn wurk in bysûnder diminsje en makke it tagonklik foar in bredere lêzerskring. Yn beide talen wist er de herten fan de lêzers te raken mei syn ferheljende kwaliteiten en syn eigen styl.

Syn skriuwerij kenmerke him ek troch syn ûntdekking fan de Fryske skiednis en kultuer. Yn syn boeken ferwiisde er gauris nei histoaryske mominten en tradysjes, en ferwurke hy de Fryske mienskip yn syn ferhalen. Syn wurk wie net allinnich literêr, mar ek kultureel ynspirearre.

NANNE TEPPER: THE RENOWNED FRISIAN WRITER AND HIS UNIQUE LEGACY

Nanne Tepper was an extraordinary Frisian writer, born in 1962 in the village of Stiens. His language genius and creativity transformed the Frisian literary world and captivated readers far and wide.

Tepper's talent for writing became evident at an early age, and he was fascinated by the power of words and stories. In his work, he brought Frisian life to life with humor, irony, and a keen eye on reality. His stories had a unique and personal tone that transported readers into a world of imagination and fascination.

His first novel, "De eeuwige jachtvelden" (The Eternal Hunting Grounds) from 1995, made a significant impact on the literary community. The book was hailed by critics, and Tepper was recognized as a language virtuoso and an important figure in Frisian literature.

Tepper wrote not only in Frisian but also in Dutch. His bilingualism gave his work a distinctive dimension and made it accessible to a broader audience. In both languages, he touched the hearts of readers with his storytelling abilities and unique style.

His writing was characterized by his exploration of Frisian history and culture. In his books, he often referred to historical moments and traditions, incorporating the Frisian community into his stories. His work was not only literary but also culturally inspired.

Nei syn fruchtbere karrière as skriuwer, kaam Tepper yn
2012 ûnferwacht te ferstjerren. Syn ôfskie wie in ferlies foar
de Fryske literêre gemeenskip en syn ympakt bliuwt noch
altyd fueld yn 'e herten fan syn lêzers.

Nanne Tepper hat in unyk erfskip efterlitten. Syn talint, syn
twataligens, en syn djipgeande ferhâlding mei Fryslân
hawwe him ta in ferneamd en betsjuttingsfol skriuwer
makke. Syn literêre wurk is in ympresje fan syn libbenswize
en in bewiis fan syn leafde foar de Fryske taal en kultuer.
Syn boeken hâlde de Fryske ferbylding en it ferstân yn 'e
besnijing, en syn ôfskie lit in leechte efter dy't nea fierfolle
wurde sil.

After his fruitful career as a writer, Tepper passed away unexpectedly in 2012. His departure was a loss for the Frisian literary community, and his impact is still felt in the hearts of his readers.

Nanne Tepper left behind a unique legacy. His talent, bilingualism, and deep connection with Friesland made him a renowned and influential writer. His literary work is an impression of his way of life and a testament to his love for the Frisian language and culture. His books continue to capture the Frisian imagination and intellect, and his departure leaves a void that will never be fully filled.

Talentfoas - language genius
Ferheljende - storytelling
Betsjuttingsfol - significant
Bepûne - hailed
Djipgeande - deep connection
Ûnferwacht - unexpected
Binnelannen - inland
Ofskie - departure
Besnijing - captivation
Leechte - void
Ferstân - intellect

SASKIA VAN UYLENBURGH: IN FERNEAMDE FRYSKE FROU EN REMBRANDT SYN MUZE

Saskia van Uylenburgh wie in ferneamde Fryske frou, berne yn 1612 yn it doarp Stiens yn Fryslân. Har libben wie ferbûn mei in talintearre skilder út Hollân, dy't letter ien fan 'e grutste measters fan 'e skilderkeunst wurde soe - Rembrandt van Rijn.

Saskia groeide op yn in wolstannige Fryske hannelsfamylje en hie tagong ta kulturele ynfloeden út 'e hiele wrâld. Doe't se yn Amsterdam kaam om te wenjen, feroare har libben ûnder de kundige eagen fan Rembrandt.

Yn 1634 troude Saskia mei Rembrandt, en dy gebeurtenis makke fan har in fêst ûnderdiel fan de skilder syn libben en wurk. Har portretten ferskine faak yn syn skilderijen, en sy waard syn muze en ynspiraasje.

De leafde tusken Saskia en Rembrandt wie djip en leafdefol, mar har gelok wie net sûnder kommer. Se ferlearen trije fan har fyftjin bern op jonge leeftyd. Yn 1642, nei fjouwerentweintich jier fan leafde en ûndersteuning, ferstoar Saskia yn it jier dat har man yn 'e hichte fan syn kreativiteit wie.

Nei har dea kaam der in nije fase yn Rembrandt syn libben, mar har oantinken bleau troch syn skilderijen libben. De prachtige portretten fan Saskia en har tapaaslike ferskining wiene in bewiis fan har betsjuttingsfoarm yn syn libben.

Saskia van Uylenburgh hat mei har presinsje en leafde in djippe yndruk achterlitten yn 'e wrâld fan 'e keunst. Har oantinken wurdt noch altyd eare en de skilderijen fan har stjerrekunde soene ta ieuwen ta syn kreativiteit bewize.

SASKIA VAN UYLENBURGH: A RENOWNED FRISIAN WOMAN AND REMBRANDT'S MUSE

Saskia van Uylenburgh was a renowned Frisian woman, born in 1612 in the village of Stiens in Fryslân. Her life was connected to a talented painter from Holland, who would later become one of the greatest masters of the art of painting - Rembrandt van Rijn.

Saskia grew up in a wealthy Frisian merchant family and had access to cultural influences from all over the world. When she moved to Amsterdam, her life changed under the watchful eyes of Rembrandt.

In 1634, Saskia married Rembrandt, and that event made her an integral part of the painter's life and work. Her portraits often appeared in his paintings, and she became his muse and inspiration.

The love between Saskia and Rembrandt was deep and affectionate, but their happiness was not without sorrow. They lost three of their fifteen children at a young age. In 1642, after twenty-four years of love and support, Saskia passed away in the year her husband was at the height of his creativity.

After her death, a new phase began in Rembrandt's life, but her memory lived on through his paintings. The beautiful portraits of Saskia and her captivating appearance were evidence of her significance in his life.

Saskia van Uylenburgh has left a profound impression on the world of art with her presence and love. Her memory is still honored, and the paintings of her celestial beauty would testify to his creativity for centuries.

Fryske kultuer en skiednis binne ferbettere troch it oantinken oan frouwen lykas Saskia van Uylenburgh, dy't har libben wydden oan de keunsten en de leafde. Har erfenis libbet fierder yn de libbenswurk fan har man en yn 'e herten fan de Friezen dy't har betsjuttingsfoarm yn 'e keunst en kultuer fan Fryslân ha bewûndere.

EISE EISINGA: DE FRYSKE WISKUNDIGE EN SYN FERNEAMDE PLANETARIUM YN FRANEKER

Eise Eisinga wie in ferneamde Fryske wiskundige en sterrekundige, berne yn 1744 yn Dronryp, Fryslân. Hy is benammen bekend om syn ûnferjitlike planetarium yn Franeker, in fassinearjende sterrewacht dy't noch altyd besichtige wurde kin.

Al op jonge leeftyd toande Eisinga in bysûndere oanlis foar wiskunde en sterrekunde. Hy ferdjoech him yn it bestudearjen fan de sterren, planetoïden en oare himelske lichems. Syn passy foar de sterrenwacht brocht him ta it ûntwerpen en bouwen fan it ferneamde planetarium.

It planetarium waard bouwd tusken 1774 en 1781 en is in ympresjonele ynstallaasje dy't de beweging fan 'e sinne, moanne en fjouwer fan de doe bekende planetoïden toant. It is in yngeand ûndersyk nei de himelbou en is in wichtich stik fan de Fryske skiednis en kultuer.

Frisian culture and history are enriched by the memory of women like Saskia van Uylenburgh, who devoted their lives to the arts and love. Her legacy lives on in the life's work of her husband and in the hearts of the Frisians who have admired her significance in the art and culture of Fryslân.

Tapaaslik - celestial   Oantinken - memory
Tap - affectionate   Tsjinwurdich - nowadays
Eare - honored

EISE EISINGA: THE FRISIAN MATHEMATICIAN AND HIS FAMOUS PLANETARIUM IN FRANEKER

Eise Eisinga was a renowned Frisian mathematician and astronomer, born in 1744 in Dronryp, Friesland. He is especially known for his unforgettable planetarium in Franeker, a fascinating observatory that can still be visited today.

From a young age, Eisinga showed exceptional aptitude for mathematics and astronomy. He immersed himself in studying the stars, asteroids, and other celestial bodies. His passion for the observatory led him to design and build the famous planetarium.

The planetarium was constructed between 1774 and 1781 and is an impressive installation that demonstrates the movement of the sun, moon, and four of the then-known asteroids. It is an in-depth exploration of astronomy and holds significant importance in Frisian history and culture.

Eisinga syn planetarium waard al gau ien fan 'e grutste toeristyske trekplakken yn Fryslân, en noch altyd reizgje minsken fan hiele wrâld nei Franeker om it te besjen. It is in unyk stik fan technyske en wittenskiplike foarming en it toant it talint en de kreativiteit fan syn skepper.

Eisinga syn bydrage oan de wittenskip gong fierder as it planetarium. Hy skreau ferskate wittenskiplike artikels en boeken, en syn wurk waard heech wurdearre yn de wittenskiplike mienskip fan syn tiid. Hy waard sels erkend troch de Koninklijke Nederlandse Akademie van Wetenschappen.

Syn libben en wurk hawwe in djippe yndruk makke yn 'e wrâld fan wittenskip en kultuer. Hy waard beskôge as in geniaal wittenskipsman en in hiele bysûndere persoanlikheid. Syn planetarium en wittenskiplike bydragen hawwe him ta in erfenis makke dy't noch altyd yn 'e herten fan de Fryske mienskip libbet.

Eise Eisinga syn planetarium is net allinnich in technysk stik fan bewûndering, mar ek in symboal fan de Fryske ynset en kreativiteit. Syn bydrage oan de wittenskip en de kultuer fan Fryslân is in ûnferjitlike prestaasje, en syn namme sil altyd ferbûn bliuwe mei de heechste nivo's fan wittenskiplike ynspiraasje.

Eisinga's planetarium quickly became one of the major tourist attractions in Friesland, and people from all over the world still travel to Franeker to see it. It is a unique piece of technical and scientific craftsmanship, showcasing the talent and creativity of its creator.

Eisinga's contributions to science extended beyond the planetarium. He wrote various scientific articles and books, and his work was highly esteemed in the scientific community of his time. He was even recognized by the Royal Netherlands Academy of Arts and Sciences.

His life and work left a profound impact on the world of science and culture. He was regarded as a brilliant scientist and a highly exceptional personality. His planetarium and scientific contributions have made him a legacy that still lives on in the hearts of the Frisian community.

Eise Eisinga's planetarium is not only a technical marvel but also a symbol of Frisian dedication and creativity. His contributions to the science and culture of Friesland are an unforgettable achievement, and his name will always be associated with the highest levels of scientific inspiration.

Himelske lichems - celestial bodies
Koninklijke Nederlandse Akademie van Wetenschappen - Royal Netherlands Academy of Arts and Sciences
Prestaasje - achievement
Foarming - craftsmanship

FRYSKE KULINÊRE DEILGENOATEN: GENIETSJE FAN DE LEKKERNIJEN FAN FRYSLÂN

De Fryske kulinêre tradysje is rik en ferûndersteld, mei in smaakfol assortimint fan lokaal prudusearre yngrediïnten en delikate gerechten dy't jo de smaak fan Fryslân jaan. De Friezen hawwe harren eigen unike en ûnferjitlike smaak en kulinêre praktyken dy't troch de generaasjes hinne fererfd binne.

Ien fan 'e meast bekende en genietsjende aspekten fan de Fryske kulinêre keuken is sûkerbôle, in ryk gebak fan sûker en krûden. It wurdt faak genoaten by in kopke Fryske kofje as in lekkere lekkernij.

Fryslân is ek bekind om syn molkeprodukten, lykas Fryske dûmkes, in moaie koekje mei in rike smaak fan sûker en kaneel, en sûpe, in heit en smaaklik molkeprodukt dat ek ferwurke wurdt yn ferskate bakguods en geregten.

De Fryske siken binne ek berne út in lang en ryk tradysje fan boerderijfûgels. Fryske droege woarsten en suursykte sûker bretel wurdt noch altyd mei leafde en soarch makke troch de ambachtlike slachters en leverje in grut talint fan wurklik genietsjen op 'e tafel.

Fryske fisk en seebanketsprodukten binne ek tige populêr. Fryske skynmakreel, in smaakrike fisk dy't fongen wurdt yn de Noardsee, is in favorite yn 'e Fryske keuken. Ferske Frisian garnalen, of "Grienlânse garnaal," bringe in delikate en frisse smaak ta 'e tafel.

FRISIAN CULINARY DELIGHTS: ENJOY THE TASTEFUL TREASURES OF FRIESLAND

The Frisian culinary tradition is rich and delightful, with a flavorful assortment of locally produced ingredients and exquisite dishes that give you a taste of Friesland. The Frisians have their own unique and unforgettable taste and culinary practices that have been passed down through generations.

One of the most well-known and enjoyable aspects of the Frisian culinary cuisine is sûkerbôle, a rich pastry made with sugar and spices. It is often savored with a cup of Frisian coffee as a delightful treat.

Friesland is also known for its dairy products, such as Fryske dûmkes, a delightful cookie with a rich flavor of sugar and cinnamon, and sûpe, a hearty and tasty dairy product that is also incorporated into various pastries and dishes.

Frisian sausages are also born out of a long and rich tradition of farm-fresh meats. Fryske droege woarsten (dry sausages) and suursykte sûker bretel (sour sugared belly) are still lovingly crafted by artisanal butchers and provide a great indulgence on the table.

Frisian fish and seafood products are also highly popular. Fryske skynmakreel (smoked mackerel), a flavorful fish caught in the North Sea, is a favorite in the Frisian kitchen. Fresh Frisian shrimp, or "Grienlânse garnaal," bring a delicate and refreshing taste to the table.

In oare klassiker yn 'e Fryske keuken is Grize Protter, in tradisjonele gehakballen, dy't smaaklik en heartlik binne. Grize Protter wurdt faak servearre mei dûmkes of sûkerbôle, en it is in must-hawwe foar Fryske feesten en gearkomsten.

De kulinêre erfenis fan Fryslân wurdt ek ferrikke mei fruchten fan 'e ierde. Fryske aardappels binne bekend om har hege kwaliteit en wurde ferske bakke, friet, of ferwurke yn lækere stamppotten.

It is net te ûntkommen oan it Fryske hegerech Snert. Dy rike en romme erwtensop mei fet en woarst is in opkiker yn 'e wintermoannen en wurdt ek fersierd mei in bytsje donkere sikespyl.

Fryske kulinêre tradysjes binne net allinnich oer iten, mar ek oer gearkomst en geselligheid. By de Fryske mienskip draait it om it genietsjen fan ite mei freonen en famylje, en it diele fan Fryske gastfrijheid.

De Fryske kulinêre deilgenoaten bliuwe in wichtich en leafdefol part fan 'e kultuer en identiteit fan Fryslân. Jo kinne net allinnich in reis meitsje troch Fryslân syn prachtige lânskip, mar ek troch syn rykdom fan smaken en smaken dy't de kulinêre skat fan dit prachtige lân ûntjaan.

Prudusearre - locally produced
Genietsje - enjoy
Sûkerbôle - sugar bread (a type of pastry)
Dûmkes - Frisian cookies
Sûpe - dairy product
Suursykte - sour sugared
Grienlânse - Frisian
Protter - meatballs
Aardappels - potatoes

Another classic in the Frisian cuisine is Grize Protter, traditional meatballs that are tasty and hearty. Grize Protter is often served with dûmkes or sûkerbôle and is a must-have for Frisian feasts and gatherings.

The culinary heritage of Friesland is further enriched with fruits of the earth. Fryske aardappels (Frisian potatoes) are known for their high quality and are used in various dishes like freshly baked, fries, or delicious stamppot (mashed potato dishes).

One cannot escape the Frisian specialty Snert, a rich and creamy pea soup with bacon and sausage that warms you up during the winter months, often garnished with a dollop of dark sikepyl (Frisian mustard).

Frisian culinary traditions are not just about food, but also about gathering and conviviality. For the Frisian community, it's about enjoying meals with friends and family, and sharing Frisian hospitality.

The Frisian culinary delights remain an important and cherished part of the culture and identity of Friesland. You can not only embark on a journey through the beautiful landscape of Friesland but also explore its richness of flavors and tastes that unveil the culinary treasure of this wonderful land.

Snert - pea soup
Sikepyl - Frisian mustard
Fererfd - inherited
Molkeprodukten - dairy products
Wurklik genietsjen - true enjoyment
Romme - creamy
Stamppot - mashed potato dishes

FRYSKE DÚMKES: IN SMÛK EN SMAAKFOL FRISIAN LEKKERNIJ

Fryske dúmkes binne in bysûndere en smûke lekkernij út Fryslân dy't in hiele rike kulinêre tradysje mei har meidraacht. It binne koekjes mei in rike smaak fan sûker en kaneel, dy't al iuwenlang populêr binne by Friezen fan alle leeftiden.

De namme "dúmkes" ferwiist nei 'e foarm fan 'e koekjes, dy't lykas in tompouce of in knibbeltaartsje binne. Dúmkes binne leech en rûch yn 'e midden en ha in ynsnijding boppeoan, dat is de "dúmke" - in frij-ynspirearre namme dy't jo tinken lit oan 'e likernijen dy't op de iispronklike Fryske marren makke waarden.

It resept fan dúmkes is al iuwenlang in famyljegemacht. Fryske memmen en beppe's hawwe harren resepten oerdragen oan 'e folgjende generaasjes, wêrtroch't dúmkes in wichtich stik fan Fryske tradysje en identiteit binne wurden.

It bakken fan dúmkes is in echte Fryske tradysje, en it makket part út fan feestdagen en spesjale gearkomsten. Dúmkes wurde faak mei leafde en soarch makke, en it bakken fan dúmkes is in sosjale en geselliche aktiviteit wêrby't famylje en freonen mei-inoar gearkomme.

Dúmkes hawwe net allinnich in ryke smaak, mar ek in betsjutting yn 'e Fryske kultuer. It is in symboal fan ûnferjitlike mominten en koestering fan famylje en tradysje.

FRYSKE DÚMKES: A COZY AND FLAVORFUL FRISIAN TREAT

Fryske dúmkes are a special and cozy delicacy from Friesland that carries a rich culinary tradition. They are cookies with a rich flavor of sugar and cinnamon, which have been popular among Frisians of all ages for centuries.

The name "dúmkes" refers to the shape of the cookies, which are similar to a tompouce or a knibbeltaart. Dúmkes are flat and rough in the middle and have a cut at the top, which is the "dúmke" - a creatively inspired name that brings to mind the delicacies made on the original Frisian lakes.

The recipe for dúmkes has been a family secret for centuries. Frisian mothers and grandmothers have passed down their recipes to the next generations, making dúmkes an essential part of Frisian tradition and identity.

Baking dúmkes is a genuine Frisian tradition and is part of holidays and special gatherings. Dúmkes are often made with love and care, and baking dúmkes is a social and joyful activity where family and friends come together.

Dúmkes not only have a rich flavor but also hold significance in Frisian culture. They are a symbol of unforgettable moments and the cherishing of family and tradition.

Yn 'e iere jierren wienen dúmkes meastendeels in delikatesse foar feestlike gelegenheden, mar hjoeddedei kinne jo se it hiele jier troch fine yn bakkerijen en supermerken yn Fryslân.

It genietsjen fan dúmkes giet boppe ite allinnich. It bringt in gefoel fan gearkomst en gearhingjen mei famylje en mienskip. Dúmkes binne net allinnich in delikate koek, mar ek in wûnderfulle ûntdekking fan de Fryske smaak en kultuer.

De Fryske tradysje fan dúmkes hâldt de betsjutting en wearde fan famylje en mienskip libben. It is in kulinêre skat fan Fryslân, dy't alle Friezen ferbynt en in smûk en smaakfol ferhaal fertelt fan it Fryske libben.

In the early years, dúmkes were mainly a delicacy for festive occasions, but nowadays, you can find them year-round in bakeries and supermarkets throughout Friesland.

Enjoying dúmkes goes beyond just eating. It brings a sense of togetherness and bonding with family and community. Dúmkes are not just a delicious cookie but also a wonderful discovery of the Frisian taste and culture.

The Frisian tradition of dúmkes keeps the meaning and value of family and community alive. It is a culinary treasure of Friesland, connecting all Frisians and telling a cozy and flavorful story of Frisian life.

Koestering - cherishing
Famyljegemacht - family secret
Gearhingjen - bonding
Beppe's - grandmothers
Ynsnijding - cut
Iere - early

ORANJEKOEK: DE KLEURRIKE LEKKERNIJ FAN FRYSLÂN

Oranjekoek is in bysûndere lekkernij út Fryslân dy't in langjende yndruk makket mei syn fûle oranje kleur en ryke smaak. It is in tradisjonele koeke dy't al iuwenlang yn 'e Fryske kulinêre keuken te finen is en in wichtich stik fan Fryslân syn kulinêre erfenis.

De namme "Oranjekoek" ferklearret syn kleur en ferbûnens mei 'e Fryske skiednis en it Hûs fan Oranje-Nassau. It is net allinnich in delikate koeke, mar ek in symboal fan nasjonale fiere en oranje leafde.

Oranjekoek is meastal in hege en rike koeke mei in sâltige korst fan oranjekleurige glacé. De koeke is folslein mei in heerlik swiete krema en somtiden mei abrikozen- of sinaasappelskoarkes, dat in bytsje frisens tafoeget.

De tradysje fan Oranjekoek giet werom nei 'e 17e ieu, wêrtroch't it in rike en langjende skiednis hat. It is ûntstien yn 'e Frysk-hollânske kulinêre kulturen dy't harren fernuverje mei gearkomsten en feesten.

Oranjekoek is in kulinêre heechdepunt dat fereare wurdt by spesjale gelegenheden lykas jierdeisfeesten, brulloften, en oare feestlikheden. It is in lekkernij dy't alle generaasjes ferbynt en in gefoel fan tradysje en gearhingjen jout.

Fryske bakkers binne al iuwenlang bekind om harren Oranjekoek te meitsjen mei de leafde en soarch dy't de tradysje ferdient. It bakken fan Oranjekoek is net allinnich in ambacht, mar ek in eare om in stikje Fryske kultuer mei elkenien te dielen.

ORANJEKOEK: THE COLORFUL DELICACY OF FRIESLAND

Oranjekoek is a special delicacy from Friesland that leaves a lasting impression with its vibrant orange color and rich taste. It is a traditional cake that has been part of the Frisian culinary cuisine for centuries, representing an important piece of Friesland's culinary heritage.

The name "Oranjekoek" explains its color and connection to Frisian history and the House of Orange-Nassau. It is not only a delicious cake but also a symbol of national celebrations and love for the color orange.

Oranjekoek is typically a tall and rich cake with a glossy orange glaze on top. The cake is filled with a delightful sweet cream and sometimes adorned with apricot or orange slices, adding a touch of freshness.

The tradition of Oranjekoek dates back to the 17th century, giving it a rich and enduring history. It originated in the Frisian-Dutch culinary cultures, which celebrated gatherings and festivities.

Oranjekoek is a culinary highlight that is honored on special occasions such as birthdays, weddings, and other celebrations. It is a treat that connects all generations and evokes a sense of tradition and togetherness.

Frisian bakers have been known for centuries for making Oranjekoek with the love and care that the tradition deserves. Baking Oranjekoek is not just a craft but also an honor to share a piece of Frisian culture with everyone.

It genietsjen fan Oranjekoek giet net allinnich oer ite, mar ek oer gearkomst en geselligheid. It ferbynt Friezen mei in geskiedenis fan feest en nasjonale fiere en is in prachtige útjouwer fan 'e Fryske gastfrijheid.

Oranjekoek is in lekkernij dy't net ferjitten wurdt en in plakje hat yn 'e herten fan Friezen. It is in smaakfol ferhaal dat fertelt wurdt yn elke hap en dy't ús ferrifelt mei it gefoel fan leafde foar Fryslân.

SNERT: DE FRYSKE WINTERWAARMTE OP 'E TAFEL

Snert is in typyske Fryske wintergereg dat de Friezen opwrakselet en ferwarmit yn de kjeldste moannen fan it jier. It is in rike en romme erwtensop mei fet en woarst dy't in smaaklike traktaty foar it smak fan Fryslân is.

De namme "Snert" is in oade oan syn dikte en substânsje. It is net in gewoane sop, mar in fûle en grutsk maksel dat jo mei elke hap werombringt nei it waarme en smûke gefoel fan de Fryske winters.

Snert is net allinnich in gerecht, mar ek in kultuer. It is in tradysje dy't fan generaasje op generaasje oerdroegen wurdt. Frysk memmen en beppes hawwe harren famyljeresepten bewarre en it bakken fan Snert is faak in famyljeaktiviteit wêrby't eltsenien meihelpt.

Enjoying Oranjekoek is not just about eating, but also about gathering and conviviality. It connects Frisians with a history of celebration and national pride, and it is a wonderful expression of Frisian hospitality.

Oranjekoek is a treat that is not forgotten and holds a place in the hearts of Frisians. It is a flavorful story told in every bite, filling us with a feeling of love for Friesland.

Abrikoazjeskoarkes - apricot slices
Fernuverje - marvel
Sâltige - glossy
Gearhingjen - togetherness
Útjouwer - expression

SNERT: THE FRIESIAN WINTER WARMTH ON THE TABLE

Snert is a typical Friesian winter dish that Friezes savor and relish in the coldest months of the year. It is a rich and hearty pea soup with bacon and sausage that is a tasty treat for the palate of Friesland.

The name "Snert" pays homage to its thickness and substance. It is not an ordinary soup but a hearty and substantial creation that with every spoonful takes you back to the warm and cozy feeling of Friesian winters.

Snert is not just a dish, but also a culture. It is a tradition that is passed down from generation to generation. Friesian mothers and grandmothers have preserved their family recipes, and making Snert is often a family activity where everyone lends a hand.

It resept fan Snert is simpel en tradisjoneel. Ferske griene of brune erwtens wurde sûkerd en lang simmerd yn in grutte panne mei ferske groente en hege kwaliteit woarst. It is in gereg dat ferske produkten fan 'e lân en see ferbinet.

Snert is net allinnich in gereg, mar ek in ferhaal. It is it ferhaal fan Fryslân, it lânskip, de tradysjes, en de gemeenskip. It ferbynt Friezen mei in gefoel fan gearhingjen en identiteit, wylst it ek nije generaasjes beynfloedzje en ynspirearje sil.

Yn 'e hiele provinsje Friesland is Snert in bekend en populêr wintersgerecht. It wurdt ek folle en faak dien by winterske eveneminten en festiviteiten, lykas Snertdei en ûldejiersjûn.

Snert is net allinnich in Fryske lekkernij, mar ek in favorit yn hiele Nederlân en dêrbûten. Yn wintermoannen wurde resepten ferspraat en dielt mei freonen en famylje, wylst elk in bysûndere draai oan 'e tradysje jout.

Snert is mear as in sop. It is in simmering fan leafde, geskiedenis, en kultuer yn in panne. It is it gereg fan gearhingjen en hygje, en it bringt jo thús by de mienskip en it Frysk lânskip.

The recipe for Snert is simple and traditional. Fresh green or brown peas are soaked and simmered for a long time in a large pot with fresh vegetables and high-quality sausage. It is a dish that combines fresh produce from the land and sea.

Snert is not just a dish, but also a story. It is the story of Friesland, the landscape, the traditions, and the community. It connects Friezes with a sense of belonging and identity, while also influencing and inspiring new generations.

Throughout the province of Friesland, Snert is a well-known and popular winter dish. It is also frequently served at winter events and celebrations, such as Snertdei (Pea Soup Day) and New Year's Eve.

Snert is not only a Friesian delicacy but also a favorite throughout the Netherlands and beyond. During the winter months, recipes are shared and passed among friends and family, each adding their own special twist to the tradition.

Snert is more than just a soup. It is a simmering of love, history, and culture in a pot. It is the dish of togetherness and comfort, and it brings you home to the community and the Friesian landscape.

Snertdei - Pea Soup Day
Ûldejiersjûn - New Year's Eve
Bynfloedzje - influence
Sûkerd - soaked
Kjeldste - coldest

BOERENKOOLSTAMPPOT: IN YNDRUKWEKKENDE FRYSKE WINTERKLASSIKER

Boerenkoolstamppot is in yndrukwekkende Fryske winterklassiker dy't it hert fan elke Fries ferwermet yn 'e kjeldste moannen fan it jier. It is in tradisjoneel stamppot-gerecht dat syn oarsprong fynt yn it ryke agraryske ferline fan Fryslân.

De namme "Boerenkoolstamppot" ferklearret syn gearstalling en ferbûnens mei 'e boeregearkomsten yn Fryslân. It is in mâlje dy't makke wurdt fan ferse boerenkool, ierdappels, en woarst. It resept is al iuwenlang in famyljegemacht en is mei leafde en soarch oerdroegen fan generaasje op generaasje.

It bereiden fan Boerenkoolstamppot is in tradysje op himsels. It ferieniget famylje en freonen om mei-inoar yn 'e keuken te stean en in hearlike gearkomst te hawwen. It snijen fan 'e boerenkool en 'e foarbereidings fan 'e ierdappels is in sosjale aktiviteit wêrby't eltsenien in bydrage levert.

Boerenkoolstamppot is net allinnich in gereg, mar ek in gearhingjend ferhaal. It ferbynt Friezen mei harren agraryske ferline en it lân dat harren ferknocht is. It is it ferhaal fan de Fryske mienskip en harren takomst.

It genietsjen fan Boerenkoolstamppot is in wiere smaakûntdekking. It bringt jo del op 'e grûn mei syn hertige en smaaklike gearstalling. It is net allinnich it gereg fan 'e Fryske winters, mar ek in symboal fan gearhingjen en ûntspanning.

BOERENKOOLSTAMPPOT: AN IMPRESSIVE FRISIAN WINTER CLASSIC

Boerenkoolstamppot is an impressive Frisian winter classic that warms the heart of every Frisian in the coldest months of the year. It is a traditional "stamppot" dish that originates from Friesland's rich agrarian past.

The name "Boerenkoolstamppot" explains its composition and connection to the farm gatherings in Friesland. It is a meal made from fresh curly kale, potatoes, and sausage. The recipe has been a family secret for generations and has been passed down with love and care from one generation to another.

The preparation of Boerenkoolstamppot is a tradition in itself. It brings family and friends together in the kitchen, creating a delightful gathering. The cutting of the kale and the preparation of the potatoes become a social activity where everyone contributes.

Boerenkoolstamppot is not just a dish but also a cohesive story. It connects Frisians with their agrarian past and the land they hold dear. It is the story of the Frisian community and their future.

Enjoying Boerenkoolstamppot is a true taste discovery. It brings you down to earth with its hearty and flavorful composition. It is not only the dish of Frisian winters but also a symbol of togetherness and relaxation.

Boerenkoolstamppot is in kulinêre tradysje dy't yn hiele Fryslân wierd wurdearre wurdt. It is in populêr gerecht yn restaurents en by ferskate festiviteiten. It wurdt ek gauris mei famylje en freonen dien by winterske gearkomsten en feestdagen.

It resept fan Boerenkoolstamppot is net in fêst steand ding. Ferskillende famyljes hawwe harren eigen draai oan 'e tradysje en ferkieze ferskate bysûndere yngrediïnten foar harren gerecht.

It dielen fan it resept is in wichtich ûnderdiel fan 'e tradysje. Friezen meitsje graach elkoar entûsjast foar harren Boerenkoolstamppot en útwikselje ynformaesje oer de beste foarbereidingsmetoaden en bysûndere yngrediïnten.

Boerenkoolstamppot is mear as in stamppot-gerecht. It is in ferbûnens mei de Fryske mienskip, it agraryske ferline en de takomst fan Fryslân. It is in gerecht dat smakket nei fertroudens, famylje en identiteit en jo thús bringt by de wierheden fan Friesland.

Boerenkoolstamppot is a culinary tradition that is highly appreciated throughout Friesland. It is a popular dish in restaurants and various festivities. It is also often enjoyed with family and friends during winter gatherings and holidays.

The recipe for Boerenkoolstamppot is not fixed. Different families add their own twist to the tradition and prefer various unique ingredients for their dish.

Sharing the recipe is an essential part of the tradition. Frisians enthusiastically discuss their Boerenkoolstamppot and exchange information about the best preparation methods and special ingredients.

Boerenkoolstamppot is more than just a "stamppot" dish. It is a connection to the Frisian community, the agrarian past, and the future of Friesland. It is a dish that tastes like familiarity, family, and identity, bringing you home to the truths of Friesland.

Stamppot - traditional Dutch dish of mashed potatoes mixed with other vegetables
Gearstalling - composition
Foarbereidingsmetoaden - preparation methods
Wierheden - truths
Ferkieze - prefer
Utfarre - enthusiastic

FRYSKE SÛKERBÔLE: IN FERSKUL FAN SWIETENS ÚT FRYSLÂN

Fryske sûkerbôle is in ferskate en smaklike lekkernij út Fryslân, dy't yn elke bôleleafhawwer syn hert feroveret. It is in tradisjoneel bôle dat syn oarsprong fynt yn it ryke bakkersferline fan Fryslân.

De namme "Fryske sûkerbôle" ferklearret syn ferbinings mei Fryslân en de leafde foar sikear en bôle. It is in rûnbôle mei in rike laach fan sûker, kaneel en somtiden ek rôzinen, dy't in ferskate en gearhingjende smaak oplevert.

Fryske sûkerbôle is net allinnich in lekkernij, mar ek in symboal fan tradysje en ambacht. De bôlebakkers fan Fryslân hawwe harren famyljerecepeten en ambachtskeunsten oerdroegen oer generaasjes hinne.

It bakken fan Fryske sûkerbôle is in echte ambacht dy't fakmanskip en soarch fereasket. De bôle moat perfekt gebakke wêze en in ryke laach fan sûker en kaneel ha om syn unike smaak te krijen.

It genietsjen fan Fryske sûkerbôle is in feestlikhied op himsels. It bringt in hûslike en lokkige sfear mei him mei. It is net allinnich in delikate bôle, mar ek in gearkomst fan freonen en famylje.

Fryske sûkerbôle wurdt gauris op spesjale gelegenheden sjoen, lykas ferjaardagen, feestdagen en famyljebijienkomsten. It is in tradysje om mei-inoar te genietsjen fan in stikje Fryslân.

FRYSKE SÛKERBÔLE: A VARIETY OF SWEETNESS FROM FRIESLAND

Fryske sûkerbôle is a diverse and delightful delicacy from Friesland that captures the heart of every bread lover. It is a traditional bread that originates from Friesland's rich baking heritage.

The name "Fryske sûkerbôle" explains its connection to Friesland and the love for sugar and bread. It is a round bread with a rich layer of sugar, cinnamon, and sometimes raisins, which results in a diverse and cohesive flavor.

Fryske sûkerbôle is not just a treat but also a symbol of tradition and craftsmanship. The bread bakers of Friesland have passed down their family recipes and artisan skills through generations.

The baking of Fryske sûkerbôle is a true craft that demands expertise and care. The bread must be perfectly baked and have a generous layer of sugar and cinnamon to achieve its unique taste.

Enjoying Fryske sûkerbôle is a celebration in itself. It brings a homely and happy atmosphere along with it. It is not just a delicious bread but also a gathering of friends and family.

Fryske sûkerbôle is often seen at special occasions such as birthdays, holidays, and family gatherings. It is a tradition to enjoy a piece of Friesland together.

Yn hiele Fryslân kinne jo Fryske sûkerbôle fine by tradisjonele bakkerijen en yn supermerken. De populariteit fan de sûkerbôle hat him sels ferspraat bûten Fryslân, wylst it in stikje Fryske kultuer mei him meidraacht.

Fryske sûkerbôle is net allinnich in lokaal produkt, mar ek in ynternasjonale lekkernij. It wurdt faak meinaam as in smaklik geskink foar freonen en famylje bûten Fryslân.

De tradysje fan Fryske sûkerbôle bringt minsken byinoar. It is net allinnich in stikje Fryslân, mar ek in gearkomst fan kultueren en ferbûnens. It is in smaakfol ferhaal dat yn elke hap ferteld wurdt en ús ferrifelt mei de rike smaak en leafde foar Fryslân.

Throughout Friesland, you can find Fryske sûkerbôle in traditional bakeries and supermarkets. The popularity of the bread has even spread beyond Friesland, carrying with it a piece of Frisian culture.

Fryske sûkerbôle is not just a local product but also an international delicacy. It is often taken as a tasty gift for friends and family outside of Friesland.

The tradition of Fryske sûkerbôle brings people together. It is not just a piece of Friesland but also a meeting of cultures and connections. It is a flavorful story told in every bite, filling us with the rich taste and love for Friesland.

Rûnbôle - round bread
Gearhingjende - cohesive
Bôlebakkers - bread bakers
Meinaam - taken as
Geskink - gift
Veroverje - capture
Soarch - care

DE DEMOGRAFY FAN FRYSLÂN: IN FERFARING FAN DIVERSITEIT

De demografy fan Fryslân is in ynteressante ferkundiging fan diversiteit en ferfaring dy't it lânskip en de mienskip fan Fryslân ûnderstipe. De befolking fan Fryslân is rynsk fan aard en hat in rike kultuer fan tradysjes en gewoanten.

It tal ynwenners fan Fryslân feroaret stadich mei de tiid. De provinsje is thús foar in tal minderheidsbefolkingen, wêrûnder in Fryske, Nederlânske, en in ynternasjonale gemeenskip. Ymmigrânsjes en ynfloed fan bûtenôf hawwe bydroegen oan de ferfaring fan dy ferskate kulturen en identiteiten.

De mienskip fan Fryslân is in gearkomst fan folk út ferskate kultueren, mei in sterke bân mei harren eigen taal, tradysjes en gewoanten. It Fryske folk hâldt fêst oan syn Fryske taal en kultuer, en spant him yn foar de bewarberens fan harren identiteit.

Fryslân is rûnom bekend om syn rike tradysjes, lykas it skûtsjesilen, Sinterklaas, en oare feesten. De ferbûnens mei it lân, it wetter en de kultuer wurdt útdrukt troch it hâlden fan tradysjes en feesten dy't generasjes oerlûke.

De ferstânlikheid fan Fryslân is divers, mei stêden lykas Ljouwert, Snits, en Hearenfean dy't funksjonearje as wichtige regionale sintra. Mar ek it lânskipsgebiet hat in eigen identiteit, mei doarpen en gemeenten dy't harren eigen ferhaal fertelle.

THE DEMOGRAPHICS OF FRISIA: EMBRACING DIVERSITY AND CULTURAL EXPERIENCE

The demographics of Frisia are an interesting exploration of diversity and experiences that support the landscape and community of Frisia. The population of Frisia is diverse in nature and has a rich culture of traditions and customs.

The number of inhabitants in Frisia changes slowly over time. The province is home to several minority populations, including Frisian, Dutch, and an international community. Immigration and external influences have contributed to the experience of these diverse cultures and identities.

The community of Frisia is a gathering of people from various cultures, with a strong connection to their own language, traditions, and customs. The Frisian people hold onto their Frisian language and culture, striving to preserve their identity.

Frisia is widely known for its rich traditions, such as skûtsjesilen (sailing races with traditional Frisian sailing ships), Sinterklaas (St. Nicholas) celebrations, and other festivities. The connection to the land, water, and culture is expressed through the observance of traditions and festivities passed down through generations.

The landscape of Frisia is diverse, with cities such as Leeuwarden, Sneek, and Heerenveen functioning as important regional centers. But the rural areas also have their own identity, with villages and municipalities telling their own stories.

De demografy fan Fryslân toant ek in ûntjouwing yn 'e tiid, mei in ferâldereande befolking dy't ynfuld wurdt mei nije ynwenners en ymmigrânsjes. Dat hat ek in ynfloed op 'e soarch en it ûnderwiis yn de provinsje.

Fryslân is ek in provinsje dêr't de mienskipswaarden heech yn 't fjild steane. Sa spant it lânskip him yn foar duorsumens, behâld fan natuer en biodiversiteit, en it stypjen fan lytse ûndernimmers en lokale ynisjativen.

De ferfaring fan demografyske ûntjouwingen yn Fryslân is in spiegel fan harren identiteit en kultuer. It is in mienskip dy't de diversiteit omearmet en de tradysjes en gewoanten beskermet foar takomstige generaasjes.

Fryslân is in plak dêr't elkenien wolkom is en wêr't in ferskaat fan identiteiten gearkomt. It is in plak fan gearhingjen en ferbûnens, dêr't it ferline, hjoed en takomst hânfeste wurdt troch in rike kultuer fan tradysjes en ferhalen.

The demographics of Frisia also show a development over time, with an aging population being filled with new residents and immigrants. This also has an impact on the healthcare and education in the province.

Frisia is also a province where community values are highly regarded. It is committed to sustainability, preserving nature and biodiversity, and supporting small entrepreneurs and local initiatives.

The experience of demographic developments in Frisia is a reflection of its identity and culture. It is a community that embraces diversity and protects traditions and customs for future generations.

Frisia is a place where everyone is welcome, and where a variety of identities come together. It is a place of connection and unity, where the past, present, and future are anchored through a rich culture of traditions and stories.

Ferkundiging - exploration
Feroaret - changed
Ferstânlikheid - rationality
Lânskipsgebiet - rural area
Ûntjouwing - development
Duorsumens - sustainability
Hânfestigje - anchor
Bewarberens - preservation

DE EKONOMY FAN FRYSLÂN: FERSTERKING FAN INOVATIVE EN DUORSUME GROEI

De ekonomy fan Fryslân is in wichtich aspekt fan de provinsje, mei in sterke fokus op fersterking fan inovative en duorsume groei. De Fryske ekonomy hat in rike ûntjouwing meimakke, mei in ferlinging fan tradisjonele yndustryen en in opkomst fan nije sektoren.

De provinsje Fryslân is rynsk oan natuerlike hulpbronnen, sa as lân, wetter en enerzjy. It agraryske ferline spilet noch altyd in wichtige rol yn 'e ekonomy fan Fryslân, mei in grutte produksje fan melk, kûgels en oare lânbouprodukten.

Fryske boeren spylje in belangrike rol yn 'e produsearjende sektor, mei moderne ynvestearrings en in fernijende geast. De agraryske yndustry set him yn foar in duorsume produksje en it gebrûk fan moderne teknology.

De Fryske ekonomy hâldt him ek sterk mei 'e fiskerijsektor besich. It wetter fan de Noardsee biedt in rykdom oan fisk en it fangen fan fisk is in wichtich ûnderdiel fan 'e Fryske kultuer en ekonomy.

Yn de ôfrûne desennia hat Fryslân harren rjocht op 'e ûntjouwing fan nije yndustryen. De enerzjysektor is in grutte yndustry, mei in sterk fokus op duorsume enerzjy. Frieslân spant him yn foar wynenerzjy, sinnepanielen, en bio-enerzjy, mei it doel om yn 'e takomst enerzjeûnôfhinklik te wêzen.

De Fryske ekonomy rjochtet har ek op 'e toerismesektor. Fryslân is in populêre bestimming foar binnenlânske en bûtenlânske toeristen, mei prachtige natuer, wetteraktiviteiten en tradisjonele feesten.

THE ECONOMY OF FRISIA: STRENGTHENING INNOVATIVE AND SUSTAINABLE GROWTH

The economy of Frisia is an essential aspect of the province, with a strong focus on strengthening innovative and sustainable growth. The Frisian economy has undergone significant development, with a continuation of traditional industries and the emergence of new sectors.

The province of Frisia is rich in natural resources, such as land, water, and energy. The agrarian past still plays a crucial role in the economy of Frisia, with significant production of milk, cattle, and other agricultural products.

Frisian farmers play an important role in the manufacturing sector, with modern investments and an innovative spirit. The agrarian industry is committed to sustainable production and the use of modern technology.

The Frisian economy is also closely connected to the fishing sector. The North Sea provides a wealth of fish, and fishing is a vital part of Frisian culture and economy.

In recent decades, Frisia has focused on the development of new industries. The energy sector is a significant industry, with a strong emphasis on sustainable energy. Frisia is committed to wind energy, solar panels, and bioenergy, with the goal of becoming energy-independent in the future.

The Frisian economy also targets the tourism sector. Frisia is a popular destination for domestic and foreign tourists, with beautiful nature, water activities, and traditional festivals.

Yn de ôfrûne jierren hat Fryslân in grutte foarm fan kulturele yndustry ûntwikkele. De Fryske kultuer en identiteit wurde op kreative en ynspirearjende wize útdrukt troch muzyk, teater, literatuer en keunst.

De Fryske ekonomy spant him ek yn foar in fersteviging fan 'e ynternasjonale handel. Fryske bedriuwen en ynnovative startups hawwe harren blik rjochtet op de bûtenlânske merken, mei it doel om harren produksje en ynnovaasje te fergrutsjen.

It fersterken fan it ûnderwiis en de opleiding spylje in belangrike rol yn 'e groei fan 'e Fryske ekonomy. De provinsje set him yn foar it ûntwikkeljen fan jonge talinten en it oanlûken fan profesjonele krêften.

Al mei al is de ekonomy fan Fryslân yn in konstante ûntjouwing, mei in sterk fertrouwen op ynnovaasje en duorsumens. It is in provinsje mei in rike en ferskaat oan yndustryen dy't harren identiteit en kultuer fersterkje, en harren blik rjochtet op in suksesfolle takomst.

In recent years, Frisia has developed a significant cultural industry. Frisian culture and identity are expressed in creative and inspiring ways through music, theater, literature, and art.

The Frisian economy also strives to strengthen international trade. Frisian companies and innovative startups have set their sights on foreign markets, with the aim of expanding their production and innovation.

Strengthening education and training plays a vital role in the growth of the Frisian economy. The province is committed to developing young talents and attracting professional forces.

Overall, the economy of Frisia is in constant development, with a strong reliance on innovation and sustainability. It is a province with a rich and diverse range of industries that enhance their identity and culture, looking towards a successful future.

Rynsk - rich
Ferlinging - continuation
Sûne - sustainable
Opleiding - training
Ferskaat - diverse
Fergrutsjen - expanding
Fertrouwen - reliance

DE FRYSKE HOLSTEIN KO: IN WURKSUMME KOA MEI RIKE FERBININGEN

De Fryske Holstein ko is in bysûndere en wurksumme koa dy't in rike ferbining hat mei de Fryske lânskipskultuer. It is in ras mei in lange tradysje yn Fryslân en hat in wichtige rol yn 'e agraryske sektor fan de provinsje.

De Holstein-ko is ûntstien yn it noarden fan Dútslân, mar hat al iuwenlang in sterk ferbân mei Fryslân. De kwaliteit fan it Fryske lân en it griene fjild makket it in ideaal plak foar de Fryske Holstein-ko om te weidzjen en te produksjearjen.

De Fryske Holstein-ko is bekend om harren hege molkeproduksje en kwaliteit fan molke. It is in koe fan útstekende kwaliteit en wurdt yn hiele Fryslân preaun foar harren wichtige bydrage oan de melkproduksje.

De Holstein-ko's hawwe in kenmerkend swart-wyt mantel en in sêfte aard. Se binne berne mei in sterke ferbining mei de Fryske greiden en binne fertroud mei it lân en it wetter.

Fryske boeren en boerinnen sette har yn foar it wolwêzen fan harren Holstein-ko's en hawwe in djippe respekt foar dit ras. It is net allinnich in wurksumme koe, mar ek in diel fan de Fryske kultuer en identiteit.

De Fryske Holstein-ko is wichtich foar de agraryske sektor fan Fryslân, mei in grutte ympakt op 'e ekonomy fan de provinsje. De molkeproduksje fan de Holstein-ko's leveret in wichtige bydrage oan 'e Fryske lânbou.

THE FRISIAN HOLSTEIN COW: A PRODUCTIVE CATTLE WITH RICH CONNECTIONS

The Frisian Holstein cow is a remarkable and productive cattle breed with deep connections to the Frisian landscape culture. It is a breed with a long tradition in Friesland and plays a significant role in the province's agricultural sector.

The Holstein cow originated in northern Germany but has had a strong association with Friesland for centuries. The quality of the Frisian land and lush fields make it an ideal place for the Frisian Holstein cow to graze and produce.

The Frisian Holstein cow is well-known for its high milk production and milk quality. It is a cow of excellent quality and is widely appreciated throughout Friesland for its vital contribution to milk production.

The Holstein cows have a distinctive black-and-white coat and a gentle temperament. They are born with a strong connection to the Frisian meadows and are familiar with the land and water.

Frisian farmers show great care for the well-being of their Holstein cows and hold deep respect for this breed. It is not only a productive cow but also an integral part of Frisian culture and identity.

The Frisian Holstein cow is essential to Friesland's agricultural sector, with a significant impact on the province's economy. The milk production of the Holstein cows contributes significantly to Frisian agriculture.

Fryske boeren en boerinnen sette har ek yn foar it wolwêzen fan harren Holstein-ko's en hawwe in djippe respekt foar dit ras. It is net allinnich in wurksumme koe, mar ek in diel fan de Fryske kultuer en identiteit.

De Fryske Holstein-ko is wichtich foar de agraryske sektor fan Fryslân, mei in grutte ympakt op 'e ekonomy fan de provinsje. De molkeproduksje fan de Holstein-ko's leveret in wichtige bydrage oan 'e Fryske lânbou.

Fryske boeren en boerinnen sette har ek yn foar it wolwêzen fan harren Holstein-ko's en hawwe in djippe respekt foar dit ras. It is net allinnich in wurksumme koe, mar ek in diel fan de Fryske kultuer en identiteit.

De Fryske Holstein-ko is wichtich foar de agraryske sektor fan Fryslân, mei in grutte ympakt op 'e ekonomy fan de provinsje. De molkeproduksje fan de Holstein-ko's leveret in wichtige bydrage oan 'e Fryske lânbou.

De Fryske Holstein-ko is in symboal fan de ferbûnens mei de lânskipskultuer fan Fryslân. It is in koe dy't wurket yn harmonije mei de Fryske greiden en dy't syn plak hat yn it Fryske lânskip.

Frisian farmers show great care for the well-being of their Holstein cows and hold deep respect for this breed. It is not only a productive cow but also an integral part of Frisian culture and identity.

The Frisian Holstein cow is essential to Friesland's agricultural sector, with a significant impact on the province's economy. The milk production of the Holstein cows contributes significantly to Frisian agriculture.

Frisian farmers show great care for the well-being of their Holstein cows and hold deep respect for this breed. It is not only a productive cow but also an integral part of Frisian culture and identity.

The Frisian Holstein cow is a symbol of connection to the landscape culture of Friesland. It is a cow that works in harmony with the Frisian meadows and has its place in the Frisian landscape.

Wurksumme - productive
Griene fjild - lush field
Preaun - appreciated
Lânbou - agriculture
Betsjutting - significance

IT FRYSKE HYNDER: IN EDELRAS MEI IEUWENÂLDE SKIEDNIS

It Fryske hynder is in prachtich edelras mei in rike skiednis dy't al iuwenlang in wichtige rol spilet yn Fryslân. It is in koart, krêftich en elegante hynder dat ferskate talinten hat en in wichtige ûnderdiel is fan de Fryske kultuer en identiteit.

It Fryske hynder hat syn ûntstean yn 'e Fryske greiden en is oer de generaasjes hinne selektearre op basis fan syn karakter en kwaliteiten. It ras is goed oanpast oan it klimaat en it lânskip fan Fryslân, en is dêrom ideeal foar wurk op it lân en yn it wetter.

Dit edelras wurdt meastentiids brûkt foar riden, weintsjefersiering en yn de sport. It is bekend om syn sterke en fleksibele bou, mei in prachtich swarte, grize of reade kleur.

Fryske hynders wurde ek brûkt foar plechtige gelegenheden, sa as troupartijen en festiviteiten. Se binne ek populêr yn it toerisme, wêr't minsken genietsje fan ritten troch it moaie Fryske lânskip.

De Fryske hynders binne ek te sjen op tradisjonele hyndermerken en fierljeppen. It is in ras dat ferbûn is mei de sport en folkstsjinsten fan Fryslân.

Fryslân hat ferskate stâlhouderijen en fokkerijen dy't harren rjocht op 'e Fryske hynder sette. Fokkers binne troud oan it behâld fan it ras en sette harren yn foar in sûne en sterke stam fan Fryske hynders.

THE FRISIAN HORSE: A NOBLE BREED WITH CENTURIES-OLD HISTORY

The Frisian horse is a beautiful noble breed with a rich history that has played an important role in Friesland for centuries. It is a short, powerful, and elegant horse that possesses various talents and is an integral part of Frisian culture and identity.

The Frisian horse originated in the Frisian meadows and has been selectively bred over generations based on its character and qualities. The breed is well adapted to the climate and landscape of Friesland, making it ideal for work on land and in water.

This noble breed is mostly used for riding, carriage decorations, and in sports. It is known for its strong and flexible build, with a beautiful black, gray, or red color.

Frisian horses are also used for formal occasions, such as weddings and festivities. They are also popular in tourism, where people enjoy rides through the beautiful Frisian landscape.

Frisian horses are also seen at traditional horse fairs and in the sport of pole vaulting. It is a breed that is connected with the sports and folk traditions of Friesland.

Friesland has various stables and breeding farms dedicated to the Frisian horse. Breeders are committed to preserving the breed and strive for a healthy and strong line of Frisian horses.

It Fryske hynder hat in iepen en freonlike karakter, wat harren makket ta trouwe en betroubere kameraads. It is in hynder dat graach wurket mei minsken en goed oanpast oan ferskate situaasjes.

It Fryske hynder is ek in symboal fan de Fryske kultuer en identiteit. It wurdt folle belang steld op it behâld fan dit edelras en it fersterken fan syn plak yn de Fryske mienskip.

De Fryske hynders hawwe yn 'e rin fan 'e skiednis fan Fryslân in wichtige rol spile yn it lân en yn it libben fan de Friezen. De oerjefte fan dizze kultuer fan it fokken en brûken fan Fryske hynders wurdt trochjûn fan ien generaasje op de oare.

It Fryske hynder is in nasjonaal skat fan Fryslân en in ûnderdiel fan syn kultuer dat mei grutte leafde en eare wierdearre wurdt. It is in prachtich ras mei in rike skiednis en in heldere takomst yn 'e Fryske mienskip.

The Frisian horse has an open and friendly character, making them loyal and reliable companions. It is a horse that enjoys working with people and adapts well to various situations.

The Frisian horse is also a symbol of Frisian culture and identity. Great importance is placed on preserving this noble breed and strengthening its place in the Frisian community.

Throughout the history of Friesland, Frisian horses have played an important role in the land and in the lives of the Frisian people. The transmission of this culture of breeding and using Frisian horses is passed down from one generation to the next.

The Frisian horse is a national treasure of Friesland and a part of its culture that is highly cherished and honored. It is a beautiful breed with a rich history and a bright future in the Frisian community.

Edelras - noble breed
Selektearre - selectively bred
Oerjefte - transmission
Fierljeppen - pole vaulting
Betroubere - reliable
Klean - attire

DE READKÛFDE SMELLE EEND: IN BYSÛNDERE FJILDFÛGEL FAN FRYSLÂN

De Readkûfde Smelle Eend, ek bekend as Aythya rufina, is in prachtige fjildfûgel dy't yn Fryslân in bysûndere en wichtige plak ynnimt yn 'e natuer. It is in middelgrutte eend mei in opfallende readkleurige kûf en in swarte romp, wat harren in unike en ferneamde útstraling jout.

Dit moaie fûgelras is foaral te finen yn de wetterige gebieten fan Fryslân, sa as marren, sleatten en pûden. De Readkûfde Smelle Eend hat in foarkar foar wetter mei in rykdom oan ûnderwetterplanten en in protte plantefoer foar harren om fan te iten.

De manlike Readkûfde Smelle Eend hat in opfallende readkleurige kûf en swarte romp, wylst it froulike eksimplaar in diskretere brune kleur hat. It is in bysûndere oansjoch en trekt dêrom ek faak de oandacht fan natuurliefhawwers en fûgelkikers.

De Readkûfde Smelle Eend is ek in trekmefûgel, wat betsjut dat sy yn it foarjier en it hjerstseizoen fan harren broedgebieten nei harren winteroerwinteringsgebieten reizgje. It is in fûgel dy't ferskate lannen besecht en sa mooglik ek yn oare dielen fan Europa te besjen is.

Dit prachtige fûgelras is net allinnich in genot foar it each, mar ek wichtich foar it ekosysteem fan Fryslân. De Readkûfde Smelle Eend is in natuerlike skoalliker en helpt mei it behâld fan it ekologysk evenwicht troch it iten fan ûnderwetterplanten en ynsisten.

THE RED-CRESTED POCHARD: A REMARKABLE WATERFOWL OF FRIESLAND

The Red-crested Pochard, also known as Aythya rufina, is a beautiful waterfowl that holds a special and significant place in the nature of Friesland. It is a medium-sized duck with a striking red-colored crest and a black body, giving them a unique and renowned appearance.

This beautiful bird species is mostly found in the watery areas of Friesland, such as lakes, canals, and ponds. The Red-crested Pochard prefers waters with abundant underwater plants and plenty of vegetation for feeding.

The male Red-crested Pochard has a striking red crest and black body, while the female specimen has a more discreet brown coloration. Their appearance is remarkable and often catches the attention of nature enthusiasts and birdwatchers.

The Red-crested Pochard is also a migratory bird, which means they travel from their breeding grounds to their wintering areas during the spring and autumn seasons. They cover various countries and can be observed in other parts of Europe as well.

This magnificent bird species is not only a delight to the eyes but also crucial for Friesland's ecosystem. The Red-crested Pochard is a natural grazer and helps maintain the ecological balance by feeding on underwater plants and invertebrates.

De Readkûfde Smelle Eend komt ek regelmjittich foar yn natuerreservaten en beskerme gebieten fan Fryslân. Dizze gebieten biede in feilige omjouwing foar harren om te brodzjen, te fûgeljen en te rêstjen.

Fryslân hat in rykdom oan fûgelleauwen en de Readkûfde Smelle Eend is in wichtige spiler yn 'e fûgelbiodiversiteit fan de provinsje. It is in bysûndere fûgel dy't mei leafde en oandacht beskerme wurdt.

De Readkûfde Smelle Eend is in fûgel dy't jierliks in tal fan jongen broeit yn Fryslân, en sa bydraacht oan de fûgelbevolking fan de provinsje. It is in genot foar fûgelkikers en in oanwinst foar de natuer fan Fryslân.

The Red-crested Pochard is regularly found in nature reserves and protected areas of Friesland. These areas provide a safe environment for them to breed, feed, and rest.

Friesland boasts a rich avian diversity, and the Red-crested Pochard is an important player in the bird biodiversity of the province. It is a unique bird that is protected with care and attention.

The Red-crested Pochard breeds a number of young annually in Friesland, contributing to the bird population of the province. It is a delight for birdwatchers and a valuable addition to Friesland's nature.

Smelle - crested
Fjildfûgel - waterfowl
Skoalliker - grazer
Beskerme - protected
Feilige - safe
Omjouwing - environment
Oerwinteringsgebieten - wintering areas
Brodzjen - breeding
Fûgeljen - feeding
Aanwinst - addition
Genot - delight

IT WAADSEE: IN UNYK NATUERLIK SKAT FAN FRYSLÂN

It Waadsee is in unyk en kostber natuerlik skat fan Fryslân en hat in bysûndere plak yn 'e herten fan de Friezen. It is in UNESCO Wrâlderfskip en wurdt beskôge as ien fan 'e wichtichste wettersystemen yn 'e wrâld.

It Waadsee leit tusken de Waadeilannen en de kust fan Fryslân, en it is it grutste slikken- en slûkengebiet fan Europa. It is in dynamysk gebiet dat kontinu feroaret troch de ynfloed fan it wetter en de wyn.

Dit unike wettersysteem bietet ûnderdak oan in rike biodiversiteit fan fisk, fûgels, en oare dier- en plantesoarten. It is in wichtige rêstplak foar miljoenen trekvûgels dy't hjir yn 'e lente en hjerst rêst en foer fine.

It Waadsee hat ek in bysûndere kulturele betsjutting. De tradysjes fan it seedykjen, garnalenvissen, en wjirmstiennen meitsje it ta in erfskip mei in ryk ferline.

Fryslân hat in sterke bining mei it Waadsee en ûndernimt aksjes om dit unike natuergebiet te beskermjen en te behâlden foar takomstige generaasjes. It is in plak dêr't Friezen mei leafde en soarch oer waakje.

It Waadsee is in populaire bestimming foar natuurliefhawwers, toeristen, en wettersportleafhawwers. De moaie útsichten, de rûzigens fan 'e natuer, en de prachtige fûgels trekke elk jier tal fan minsken nei dit unike gebiet.

THE WADDEN SEA: A UNIQUE NATURAL TREASURE OF FRIESLAND

The Wadden Sea is a unique and precious natural treasure of Friesland and holds a special place in the hearts of the Frisians. It is a UNESCO World Heritage Site and is considered one of the most important tidal systems in the world.

The Wadden Sea lies between the Wadden Islands and the coast of Friesland, and it is the largest mudflat and tidal marsh area in Europe. It is a dynamic region that constantly changes due to the influence of water and wind.

This unique tidal system provides a habitat for a rich biodiversity of fish, birds, and other animal and plant species. It is an important resting place for millions of migratory birds that find rest and food here during the spring and autumn.

The Wadden Sea also has significant cultural importance. The traditions of dike building, shrimp fishing, and worm stone harvesting make it a heritage with a rich history.

Friesland has a strong connection with the Wadden Sea and takes action to protect and preserve this unique natural area for future generations. It is a place that Frisians watch over with love and care.

The Wadden Sea is a popular destination for nature enthusiasts, tourists, and water sports enthusiasts. The beautiful views, the serenity of nature, and the magnificent birds attract many people to this unique area every year.

It Waadsee is in plak fan rêst en herstel foar de siel, in plak om te genietsjen fan 'e natuer en om ôf te skakeljen fan it hjoeddeiske libben. It is in wûnderbaarlike wrâld dêr't natuer en kultuer gearkomme.

Fryslân spilet in wichtige rol yn it behear fan it Waadsee troch gearwurking mei oare provinsjes en lânen. It is in plak dêr't natuer en minsken gearkomme om it yn syn meast ûnderfinende foarm te belibjen.

It Waadsee is in keninginne fan 'e natuer, in unyk gebiet dêr't it wetter en de wyn de bepalende faktoren binne. It is in plak fan natuerlike skientme en ferbining mei it ferline en de takomst.

It Waadsee is in skat fan Fryslân dat mei leafde, soarch, en belutsenheid behâlden wurdt. It is in plak dat ús mei grutte trots ferbine en dat in belangryk ûnderdiel is fan 'e Fryske kultuer en identiteit.

The Wadden Sea is a place of peace and restoration for the soul, a place to enjoy nature and disconnect from the modern-day life. It is a marvelous world where nature and culture come together.

Friesland plays an important role in the management of the Wadden Sea through cooperation with other provinces and countries. It is a place where nature and people come together to experience it in its most authentic form.

The Wadden Sea is a queen of nature, a unique area where water and wind are the determining factors. It is a place of natural beauty and connection to the past and the future.

The Wadden Sea is a treasure of Friesland that is preserved with love, care, and commitment. It is a place that connects us with great pride and is an essential part of Frisian culture and identity.

Wrâlderfskip - World Heritage
Slûkengebiet - tidal marsh area
Rûzigens - serenity
Wjirmstiennen - worm stones
Ûnderfinende - authentic
Belutsenheid - commitment
Kostber - precious

DE EUROPESE LEPELAAR: IN GRUTTE SKIENTME FAN DE NATUER FAN FRYSLÂN

De Europese lepelaar, ek bekend as Platalea leucorodia, is in bysûndere en elegante fjildfûgel dy't de natuer fan Fryslân ferike mei syn oanwêzigens. It is in grutte fûgel mei in opfallende lepelachtige bek, in wite fjerekleed en in swarte poten.

De Europese lepelaar is in trekvûgel en sette syn broedgebieden yn it midden en noarden fan Europa, en it oerwinteret yn de suderlike streken fan Europa en Afrika. Hy is ek te finen yn it Waadsee, de wiet- en weidegebieten fan Fryslân en de omkriten.

Dit prachtige fûgelras komt yn grutte kolonjes foar en broeit yn hege beamtoppen of yn natuerlike reidlannen. De jonge lepelaars hawwe in grypte kleur, dy't langzamerhand oer giet yn it wite fjerekleed fan de folwoeksen fûgels.

De Europese lepelaar is in sosjale en intelliginte fûgel dy't yn groepen op syk giet nei iten. Syn bek is perfekt oanpast oan it filterjen fan lytskruier, fisk en ynsisten út it wetter.

It lûd fan de lepelaar is in kenmerkend gelûd fan de Frysk natuer. Hy makket in tûgjend gelûd en is gauris te hearren yn de wietlannen en op it Waadsee.

De Europese lepelaar hat in bysûnder plak yn de kultuer fan Fryslân. Hy is ferskate kearen ôfbylde op Fryske keunst en oantinkens, en is in symboal fan de natuerlike skientme fan de provinsje.

THE EUROPEAN SPOONBILL: A GRANDEUR OF NATURE IN FRIESLAND

The European Spoonbill, also known as Platalea leucorodia, is a remarkable and elegant waterfowl that enriches the nature of Friesland with its presence. It is a large bird with a distinctive spoon-shaped bill, a white plumage, and black legs.

The European Spoonbill is a migratory bird, breeding in the central and northern regions of Europe, and wintering in the southern areas of Europe and Africa. It can also be found in the Wadden Sea, the wetlands, and meadows of Friesland, and the surrounding areas.

This beautiful bird species nests in large colonies, either in tall trees or in natural reed beds. The young spoonbills have a greyish color that gradually transitions into the white plumage of the adult birds.

The European Spoonbill is a social and intelligent bird that forages in groups for food. Its bill is perfectly adapted for filtering small crustaceans, fish, and invertebrates from the water.

The call of the spoonbill is a characteristic sound of the Frisian nature. It makes a distinct clattering sound and is often heard in the wetlands and on the Wadden Sea.

The European Spoonbill holds a special place in the culture of Friesland. It has been depicted in various Frisian art and souvenirs and serves as a symbol of the natural beauty of the province.

Fryslân is ien fan 'e wichtichste plakken foar de Europese lepelaar yn Nederlân, mei ferskate beskerme gebieten en wetterlannen dy't ideaal binne foar syn ferbliuwen en broeien.

De bewenners fan Fryslân hawwe in grutte leafde foar de Europese lepelaar en sette harren yn foar syn behâld. Der binne ferskate ûndernimmen dy't sjen litte dat wy de lepelaar yn Fryslân wichtich fine.

It is in unyk sjen en belibje as men in kolonje fan lepelaars sjocht fljuchtjen oer de wietlannen of it Waadsee. De elegante bewegings fan dizze fûgels jouwe in bysûndere diminsje oan de natuer fan Fryslân.

De Europese lepelaar is in skat fan Fryslân, in fûgel dy't ús ferbinet mei de natuer en de rike biodiversiteit fan de provinsje. Hy is in bysûnder ûnderdiel fan ús kultuer en identiteit, en in prachtich symboal fan de natuerlike rykdom dy't wy koesterje yn Fryslân.

Friesland is one of the most important areas for the European Spoonbill in the Netherlands, with several protected areas and wetlands that are ideal for its residence and breeding.

The inhabitants of Friesland have a great affection for the European Spoonbill and are committed to its conservation. There are several initiatives that demonstrate our appreciation for the spoonbill in Friesland.

It is a unique sight and experience to witness a colony of spoonbills flying over the wetlands or the Wadden Sea. The graceful movements of these birds add a special dimension to the nature of Friesland.

The European Spoonbill is a treasure of Friesland, a bird that connects us to nature and the rich biodiversity of the province. It is a distinctive part of our culture and identity, and a magnificent symbol of the natural wealth that we cherish in Friesland.

Lepelaar - spoonbill
Opfallende - distinctive
Fjerekleed - plumage
Ferbliuwen - residence
Tûgjend - clattering
Bek - bill
Fûgelkijkers - birdwatchers

SC HEERENVEEN: IN FOETBALKLUP MEI IN RYK ERFGOED EN GRUTTE AMBYSJES

SC Heerenveen is in ferneamde foetbalklup yn de stêd Heerenveen, Fryslân, mei in ryk erfgoed en grutte ambysjes. De klup hat in besûndere plak yn it hert fan de Friezen en is ien fan 'e grutste sportyndustryën yn 'e provinsje.

It begjin fan SC Heerenveen giet werom nei 1920, doe't twa ferskate foetbalferienings "Athleta" en "Sparta" besleaten om gear te kommen. Yn 1970 naam de klup de namme SC Heerenveen oan, en sinds dy tiid hat it in fûle start makke yn 'e wrâld fan it Nederlânske fuotbal.

De klup hat in lange skiednis fan sukses en hat ferskate keren yn 'e heechste klasse fan it Nederlânske fuotbal spile. SC Heerenveen hat ek meardere kearen Europa League kwalifikaasjes wûn en hawwe yn it ferline meidien oan grutte internasjonale toernooien.

SC Heerenveen hat fans yn alle hoeken fan Fryslân en fier dêrbûten. De supporters fan de klup steane bekend om har passy en trou oan 'e klup, en binne in grutte stimulâns foar 'e spilers.

Thússwedstriden fan SC Heerenveen wurde spile yn it Abe Lenstra Stadion, in prachtige arena mei in kapasiteit fan mear as 26.000 sitten. It stadion is neamd nei in legindaryske spiler, Abe Lenstra, dy't in grutte rol spile yn 'e skiednis fan 'e klup.

SC Heerenveen hat troch de jierren hinne ferskate talintfolle fuotballers opfieden.

SC HEERENVEEN: A FOOTBALL CLUB WITH RICH HERITAGE AND GRAND AMBITIONS

SC Heerenveen is a renowned football club in the city of Heerenveen, Friesland, with a rich heritage and grand ambitions. The club holds a special place in the hearts of the Frisians and is one of the largest sports industries in the province.

The origins of SC Heerenveen date back to 1920 when two different football clubs, "Athleta" and "Sparta," decided to merge. In 1970, the club adopted the name SC Heerenveen, and since then, it has made a fierce start in the world of Dutch football.

The club has a long history of success and has played in the highest league of Dutch football several times. SC Heerenveen has also won multiple Europa League qualifications and has participated in major international tournaments in the past.

SC Heerenveen has fans in all corners of Friesland and beyond. The club's supporters are known for their passion and loyalty to the team, serving as a significant encouragement to the players.

Home matches of SC Heerenveen are played at the Abe Lenstra Stadium, a magnificent arena with a capacity of over 26,000 seats. The stadium is named after a legendary player, Abe Lenstra, who played a crucial role in the club's history.

Over the years, SC Heerenveen has nurtured several talented footballers.

De jeugdopleiding fan de klup is bekind foar harren
ûntwikkeling fan jonge spilers en harren beskikberens om
harren kânsen te jaan yn 'e haadteam.

De klup hat ek in sterke bûn mei de Fryske kultuer en is
grutsk op harren ûnderdiel wêze fan Fryslân. It is in
ambassadeur foar 'e provinsje en in wichtich symboal fan
sportyndustry yn Fryslân.

SC Heerenveen stiet foar in grutte takomst en bliuwt
hingjen oan harren ambysjes fan sukses. De klup wol net
allinne in topklup wêze yn Nederlân, mar ek yn Europa.

De klup hat in grutte gemeenskip fan stipe, en mei harren
trochwurkjen en passy binne sy klear om de kommende
jierren fierder te groeien en harren plak yn it heechste
niveau fan it Nederlânske fuotbal te fêstigjen. SC
Heerenveen is in klup dy't it hert fan de Friezen feroaret en
troch harren dynamyske spirit bliuwe sy in lûd út Fryslân yn
'e wrâld fan it fuotbal.

The club's youth academy is known for its development of young players and their willingness to provide opportunities in the first team.

The club also has a strong connection with the Frisian culture and takes pride in being a part of Friesland. It serves as an ambassador for the province and a significant symbol of the sports industry in Friesland.

SC Heerenveen looks ahead to a bright future and remains committed to their ambitions of success. The club aims not only to be a top club in the Netherlands but also in Europe.

With a large community of support, their dedication, and passion, they are ready to continue growing and establishing their place in the highest level of Dutch football. SC Heerenveen is a club that touches the hearts of the Frisians and, with their dynamic spirit, remains a resounding voice from Friesland in the world of football.

Haadteam - first team
Trochwurkjen - perseverance
Stipe - support
Trochwurkjen - dedication
Knooppunt - hub
Nijsgjirrige - interesting

KLIMAATFEROARING

Person 1: Hoi, hawwe jo ek heard oer dat hiele klimaatferoaring gedoch?

Person 2: Ja, it is in hiel wichtich tema. Der wurdt sein dat it klimaat feroaret troch minske-makke klimaatferoaring.

Person 1: Ik bin der net sa wis fan. It waar feroaret altyd, it is dochs gewoan natuerlike fluktuaasje?

Person 2: Ja, it waar feroaret altyd, mar de wittenskip toant oan dat it hjoed-de-dei fersnellet feroaret troch de útstjit fan broeikasgassen troch de minske.

Person 1: Mar hoe kinne wy wis wêze dat ús útstjit echt sa'n grutte ynfloed hat op it klimaat?

Person 2: Der binne ferskate ûndersiken en modelen dy't de ynfloed fan ús útstjit oantoane. Wetterspegels stean te stijen, gletsjers smelte en waarmere tempearatueren wurde registrearre.

Person 1: Mar de ierde hat dochs ek perioaden hân fan opwaarmen en ôfkoele, dat is dochs gjin nijs?

Person 2: Dat is wier, mar de útstjit fan CO2 troch de yndustrie en ferbrânning fan fossile brânstoffen fersnellet it hiele proses en hat gruttere gefolgen as earder.

Person 1: Ik hear ek wolris dat de klimaatferoaringen in natuerlik proses binne en dat der net safolle dien kin wurde om it tsjin te gean.

CLIMATE CHANGE

Person 1: Hi, have you also heard about all that climate change stuff?

Person 2: Yes, it's a very important topic. It is said that the climate is changing due to human-made climate change.

Person 1: I'm not so sure. The weather always changes, isn't it just natural fluctuation?

Person 2: Yes, the weather has always changed, but science shows that it is currently changing at an accelerated rate due to the emission of greenhouse gases by humans.

Person 1: But how can we be sure that our emissions really have such a big influence on the climate?

Person 2: There are various studies and models that demonstrate the impact of our emissions. Sea levels are rising, glaciers are melting, and warmer temperatures are being recorded.

Person 1: But the Earth has also had periods of warming and cooling, that's not news, right?

Person 2: That's true, but the emission of CO2 from industry and the burning of fossil fuels accelerate the whole process and have greater consequences than before.

Person 1: I also hear that climate changes are a natural process and that there's not much we can do to stop it.

Person 2: Der binne yndie natuerlike faktoren dy't ynfloed ha op it klimaat, mar wy as minsken hawwe ek in ferantwurdlikheid om ús impact te behearskjen en duorsume oplossingen te finen.

Person 1: Mar wat foar konkrete dingen kinne wy dwaan om de klimaatferoaring tsjin te gean?

Person 2: Der binne in soad dingen dy't wy as yndividu dwaan kinne, lykas it fermeitsjen fan energy mei sinnepanielen, it besparjen fan enerzjy, en it brûken fan duorsume ferfiersmiddels.

Person 1: Dat kin wol wêze, mar wat as it allegear te let is en wy al yn 'e problemen binne?

Person 2: It is nea te let om dingen te feroarjen en in positive ynfloed te hawwen. Mei inoar kinne wy wurkje oan klimaatadaptasy, it beskermjen fan ús natuer, en it behearskjen fan de gefolgen fan klimaatferoaring.

Person 1: It bliuwt foar my in komplisearre ûnderwerp, mar ik sil der ris fierder yn ferdjipje. Tank foar it petear.

Person 2: Graach gien. It is wichtich om goed ynformearre te wêzen oer klimaatferoaring en de ynfloed dy't wy as minsken hawwe. Wy kinne mei inoar in grut ferskil meitsje.

Person 2: There are indeed natural factors that influence the climate, but we as humans also have a responsibility to manage our impact and find sustainable solutions.

Person 1: But what specific things can we do to combat climate change?

Person 2: There are many things that we can do as individuals, such as using solar panels to generate energy, conserving energy, and using sustainable modes of transportation.

Person 1: That may be, but what if it's already too late and we are already in trouble?

Person 2: It's never too late to make changes and have a positive impact. Together, we can work on climate adaptation, protecting our nature, and managing the consequences of climate change.

Person 1: It remains a complicated topic for me, but I will delve deeper into it. Thanks for the conversation.

Person 2: You're welcome. It's important to be well-informed about climate change and the impact we as humans have. Together, we can make a significant difference.

Fersnelling - acceleration
Ferfiersmiddels - modes of transportation
Ferantwurdlikheid - responsibility

RADISJONELE FERJAARDAGSFIERING FOAR KLAES

Anne: Hoi Janneke! Wat moai datst hjir bist op Klaes syn ferjaardagsfjoer.

Janneke: Hoi Anne! Ja, ik tocht dat ik net misse koe om Klaes syn spesjale dei mei him te fiere.

Anne: Absoluut, it is altyd gesellich om tegearre te kommen op in tradisjonele ferjaardagsfiering. Sjoch ris om dy hinne, alles is sa moai en klassyk opsetten.

Janneke: Dat is wier, ik hâld fan de âlde wrâldse sfear. En it iten rûkt sa hearlik!

Anne: Ja, dat is typysk foar sa'n feest. En wat sjochsto út nei it meast? De sjonger, de spultsjes of iten?

Janneke: Sjoch, ik bin altyd in grutte leafhawwer fan de tradisjonele spultsjes. It bringt ús allegearre yn in goede sfear en ferbûnens.

Anne: Dat is wier, dy spultsjes bringe ús altyd oan it laitsjen. En de klam op it sosjale aspekt is echt it moaiste fan sokke feesten.

Janneke: Yn watfoar spultsjes hast do sels it leafst meidien?

Anne: O, ik bin altyd in protte wille mei "koekhappen." It is sa'n gekke mar hilaryske tradysje.

Janneke: Haha, ja, dat is eins wol in klassiker. En wat foar kado hasto foar Klaes meinommen?

TRADITIONAL BIRTHDAY CELEBRATION FOR KLAES

Anne: Hi Janneke! It's great to see you here at Klaes' birthday party.

Janneke: Hi Anne! Yes, I thought I couldn't miss celebrating Klaes' special day with him.

Anne: Absolutely, it's always nice to come together for a traditional birthday celebration. Look around you, everything is so beautifully and classically set up.

Janneke: That's true, I love the old-world atmosphere. And the food smells so delicious!

Anne: Yes, that's typical of such a party. And what are you looking forward to the most? The singing, the games, or the food?

Janneke: Well, I'm always a big fan of the traditional games. They bring us all into a good mood and a sense of togetherness.

Anne: That's true, those games always make us laugh. And the emphasis on the social aspect is truly the best part of such parties.

Janneke: In what kind of games do you personally enjoy participating?

Anne: Oh, I always have a lot of fun with "koekhappen" (cookie biting). It's such a silly but hilarious tradition.

Janneke: Haha, yes, that's actually a classic one. And what kind of gift did you bring for Klaes?

Anne: Ik haw in âld boek foar him fûn, ien fan dy klassike ferhalen dêr't hy sa fan hâldt. Hoe sit it mei dy?

Janneke: Ik haw in spesjale Frisyske farske foar him makke, dat heart by sa'n tradisjoneel feest.

Anne: Dat is in hiel persoanlik en unyk kado. Dêr sil Klaes wis bliid mei wêze.

Janneke: Ik hoopje it. Ik genietsje altyd fan dizze feesten, it bringt my echt werom yn 'e tiid.

Anne: Dat hat it beskaat wol, tradysjonele feesten binne in moaie manier om ferbûnens te fieren en te genietsjen fan âlde gewoanten.

Janneke: Wis en wier. No, lit ús genietsje fan it fjoer en ite, en Klaes nochris fan herte lokwinskje!

Anne: Hear, hear! Lokwinskje Klaes! Op in moaie jûn fol tradysje en freonskip!

Anne: I found an old book for him, one of those classic stories he loves so much. How about you?

Janneke: I made a special Frisian poem for him, that's fitting for such a traditional celebration.

Anne: That's a very personal and unique gift. Klaes is sure to be happy with it.

Janneke: I hope so. I always enjoy these parties; they really take me back in time.

Anne: It certainly does. Traditional parties are a great way to celebrate connections and enjoy old customs.

Janneke: Indeed. Well, let's enjoy the fire and the food, and once again, heartfelt congratulations to Klaes!

Anne: Hear, hear! Congratulations, Klaes! To a beautiful evening full of tradition and friendship!

Ferjaardagsfiering - Birthday celebration
Ûtjouwing - Emphasis
Oerienkomst - Agreement
Hjouwerij - Mood
Farske - Poem

HAGELSTOARM

Person 1: Heit, hast do soks earder sjoen? Wat in gekke hagelstoarm wie dat krekt! Ik hie noch nea sa'n heftige stoarm meimakke.

Person 2: Nee, ik ek net! It wie krekt as kaam it út it neat. De hagelkûbels wiene sa grut, en de wyn die de kûbels allegear rûnom waaie. It wie hast ûnrêstich om te sjen.

Person 1: Ja, ús hûnen wisten net wat se derfan tinke moasten. Se rûnen sa hurd as se koene, mar waarden dochs noch troffen troch de hagel.

Person 2: Se binne lykas wy, ek sy moasten efkes oan de nuvere wiere ferwarring wenne. It is mar goed dat wy in aaklik grutte beam fûnen om ûnder te skûljen.

Person 1: Yndie, it wie in bêste redden. Ik fiel mei de minsken dy't bûten moasten wêze yn sok gefaarlik waar. We hienen wol gelok dat wy net fierder fan hûs wiene doe't it begûn.

Person 2: Dat is wier. Wy kinne ús noait echt klearmeitsje foar sa'n onferwachte stoarm. Ik tink dat ik yn it foar mar in foldwaande grutte paraplu mei nim.

Person 1: Dat is in goed idee. Mar ik hoopje dat wy net wer in stoarm sa as dizze krije. It hat wol foar in bysûndere herinnering soarge.

Person 2: Absolút, en it sil wol in gesprek fan de dei wêze mei ús freonen en famylje. Ik kin myn hûne yn elk gefal no in stoarmke op it waarpraat hânjaan.

HAILSTORM

Person 1: Dad, have you ever seen something like that before? What a freak hailstorm it was just now! I had never experienced such a severe storm.

Person 2: No, me neither! It was as if it came out of nowhere. The hailstones were so big, and the wind was blowing them all around. It was almost unsettling to watch.

Person 1: Yes, our dogs didn't know what to make of it. They ran as fast as they could, but still got hit by the hail.

Person 2: They are like us, they also needed some time to get used to the weird and chaotic weather. It's a good thing we found a terribly big tree to take shelter under.

Person 1: Indeed, it was a great relief. I sympathize with the people who had to be outside in such dangerous weather. We were lucky that we weren't far from home when it started.

Person 2: That's true. We can never really prepare for such unexpected storms. I think I'll take a sufficiently large umbrella with me in advance.

Person 1: That's a good idea. But I hope we won't get another storm like this. It certainly made for a unique memory.

Person 2: Absolutely, and it will probably be the talk of the day with our friends and family. At least I can now brag to my dog about being a weather forecaster.

Person 1: Dat kin ik ek, wy moatte derom mar ris lústerje nei de waarskôgings fan it waar. It is better om foarbereid te wêzen.

Person 2: Dat kloppet. It sil ús net wer ferskrikke as wy in oare kear sa'n stoarm tsjinkomme. Wy ha no in ferhaal om te fertellen!

Person 1: Haha, sa is it! Ik hoopje dat de folgjende kear it waar wat better meiwurket en wy ús hûnen sêft yn'e sinne útliede kinne.

Person 2: Ja, dat soe prachtich wêze. Mar foar no, lit ús mar weromgean nei hûs en genietsje fan in lekker waarm kopke tee.

Person 1: Hear, hear! It is tiid om ús efkes op te waarmjen en de ferhalen fan ús aventoeren mei elkoar te dielen. Op in wat minder stoarmige jûn.

Person 1: Haha, that's true! We should listen to the weather warnings next time. It's better to be prepared.

Person 2: That's right. We won't be scared if we encounter another storm. We now have a story to tell!

Person 1: Haha, that's true! I hope next time the weather cooperates a bit better, and we can peacefully walk our dogs in the sunshine.

Person 2: Yes, that would be wonderful. But for now, let's go back home and enjoy a nice warm cup of tea.

Person 1: Hear, hear! It's time to warm up and share our adventure stories with each other. On a less stormy evening.

Hagelkûbels - hailstones
Ferwarring - confusion
Klearmeitsje - prepare
Aaklik - terribly
Hânjaan - handle
Sêft - gently
Herinnering - memory
Waarpraat - weather forecaster
Wiere - real

ÛNÔFHINKLIKHEID FAN FRYSLÂN

Person 1: Hoi, hast do ek heard oer de lêste petysje foar ûnôfhinklikheid fan Fryslân?

Person 2: Ja, dat ha ik heard. Ik bin ek grutsk op ús kultuer en taal, mar ik wit net oft ûnôfhinklikheid de bêste wei is foar Fryslân.

Person 1: Mar tink ris oan alle mooglikheden en kânsen dy't wy hawwe as wy ûnôfhinklik binne. Wy kinne sels ús eigen wetten en regels meitsje, en ús kultuer en taal binne dan better beskerme.

Person 2: Ik begryp dyn passy en leafde foar Fryslân, mar ik bin bang dat ûnôfhinklikheid ek grutte útdagingen mei him meibringt. Wy soene finansjeel ôfhinklik wurde fan de rest fan Nederlân, en dat kin problemen jaan.

Person 1: Mar wy hawwe ek in protte ressourcen en potentieel yn Fryslân. Wy kinne ússels stypje en ús ekonomie ferselsstannige meitsje. It soe in frij Fryslân wêze, frij fan de beheiningen fan oare lannen.

Person 2: Ik bin bang dat wy yn in wrâld fan globalisaasje en ynternasjonale ferbiningen net selsstannich slagje kinne. Wy ha ek de help fan oare lannen nedich foar ús ekonomyske en politike stipe.

Person 1: Mar wat as ús kultuer en taal ferlern geane yn de Nederlânske kultuer? It is sa wichtich om ús eigen identiteit te bewarjen en te fieren.

INDEPENDENCE OF FRIESLAND

Person 1: Hi, have you also heard about the recent petition for independence of Friesland?

Person 2: Yes, I have heard about it. I am also proud of our culture and language, but I'm not sure if independence is the best way for Friesland.

Person 1: But think about all the possibilities and opportunities we would have if we were independent. We could make our own laws and regulations, and our culture and language would be better protected.

Person 2: I understand your passion and love for Friesland, but I'm afraid that independence would also bring significant challenges. We would become financially dependent on the rest of the Netherlands, and that could create problems.

Person 1: But we also have a lot of resources and potential in Friesland. We can support ourselves and make our economy self-sufficient. It would be a free Friesland, free from the constraints of other countries.

Person 2: I'm concerned that in a world of globalization and international connections, we may not succeed independently. We also need the support of other countries for our economic and political stability.

Person 1: But what if our culture and language are lost in the Dutch culture? It's so important to preserve and celebrate our own identity.

Person 2: Dat is wier, ús kultuer en taal binne ûnfoldwaanber en moatte bewarre bliuwe. Mar ik leau dat wy dat ek kinne binnen it ferbân fan Nederlân, sûnder ûnôfhinklik te wurden.

Person 1: Ik hoopje dat wy sjen sille dat in ûnôfhinklik Fryslân in moaie en sterk Fryslân wêze kin, mei respekt foar ús identiteit en kultuer.

Person 2: Ik hoopje dat wy in sterk Fryslân bliuwe, mei romte foar ús kultuer en taal, mar ek mei stipe fan oare lannen om ús hinne. Wy kinne inoar ferdigenje en feroarje binnen it ferbân fan Nederlân.

Person 1: Ik respektearje dyn sicht op it gefal. Wy hawwe beide it bêste foar mei Fryslân yn ús hert.

Person 2: Dat is wier. Wy kinne ússels bliuwe feroarjen en ús hert folgje, hokker wei it ek gean mei. Op nei in sterker Fryslân, wat foar kar it ek wurdt.

Person 2: That's true, our culture and language are unique and must be preserved. But I believe we can do that within the framework of the Netherlands without becoming independent.

Person 1: I hope we will see that an independent Friesland can be a beautiful and strong Friesland, with respect for our identity and culture.

Person 2: I hope we can remain a strong Friesland, with room for our culture and language, but also with support from other countries around us. We can defend and change ourselves within the framework of the Netherlands.

Person 1: I respect your perspective on the matter. We both have the best intentions for Friesland in our hearts.

Person 2: That's true. We can continue to change and follow our hearts, whichever path it may take. Onward to a stronger Friesland, no matter the choice.

Ûnôfhinklikheid - independence
Sicht - perspective
Ferheftich - significant
Ferlern geane - be lost
Finansjeel ôfhinklik - financially dependent
Oan nei - onward to

GRUTTE SJOERD

Der wie ienris in tsjoender yn it lân fan Frisia. Syn namme wie Grutte Sjoerd, en hy wie in machtige tovenaar mei in grut hert foar de minsken om him hinne. Grutte Sjoerd stie bekend om syn wûnderbaarlike krêften en hie in talint foar it helpen fan elkenien dy't him yn need fûn.

Op in moarn, doe't de sinne ferskynde en de earste fûgels begûnen te sjongen, waard Grutte Sjoerd wekker út syn djippe sliep troch in klop op syn doar. Hy die iepen en dêr stie in jong famke mei betraande eagen.

"Hwat is der oan 'e hân, myn famke?" frege Grutte Sjoerd mei soarch yn syn lûd.

"It is myn heit, hy is siik en kin net mear wurkje," snikte it famke. "Wy ha gjin jild foar medisinen en it iten is op. As er net better wurdt, kinne wy it hûs net mear hâlde."

Grutte Sjoerd seach it famke meilydsum oan en sei: "Ik sil jo helpe, dat beloof ik. Ik sil in krûd brouwe dat jim heit helpe sil te herstellen."

Hy gie nei syn krûdterhôf en selektearre de bêste krûden foar syn brouwsel. Mei syn toverstôk en in fjoerkears sette er it krûd yn beweging en liet it sjonge as it kaam ta libben. Doe't it brouwsel klear wie, joech er it oan it famke en sein: "Dit moatte jim jo heit jaan, en yn trije dagen sil er better wurde."

It famke naam it brouwsel mei tankberheid oan en brocht it nei har heit. En wier genôch, yn trije dagen wie de man better en sterk as ea tefoaren.

GREAT SJOERD

Once upon a time, there was a wizard in the land of Frisia. His name was Great Sjoerd, and he was a powerful sorcerer with a big heart for the people around him. Great Sjoerd was known for his miraculous powers and had a talent for helping anyone who found themselves in need.

One morning, as the sun appeared and the first birds began to sing, Great Sjoerd was awakened from his deep slumber by a knock on his door. He opened it, and there stood a young girl with teary eyes.

"What's wrong, my dear?" asked Great Sjoerd with concern in his voice.

"It's my father, he's sick and can no longer work," sobbed the girl. "We have no money for medicines, and our food is running out. If he doesn't get better, we won't be able to keep our house."

Great Sjoerd looked at the girl compassionately and said, "I will help you, I promise. I will brew a herb that will help your father recover."

He went to his herb garden and selected the best herbs for his concoction. With his magic wand and a flicker of fire, he set the herb in motion, making it come to life. When the potion was ready, he gave it to the girl and said, "You must give this to your father, and in three days, he will get better."

The girl gratefully accepted the potion and brought it to her father. True enough, in three days, the man was better and stronger than ever before.

Fan dy dei ôf kaam de frou fan Grutte Sjoerd by him foar help, en hy wie altyd ree om te tsjinstjen. Hy brouwde helende brouwsels, reparearre ferwaaide dakken en help de earmen mei iten en waarmte.

Grutte Sjoerd kaam ek bekanne om syn wûnderbaarlike yngripen yn tiden fan need. As der in stoarm oer de lannen raasde, brûkte hy syn krêften om de minsken te beskermjen. As de oogst faalde, joech er de boeren advys en wûnderkrûden om harren lân wer fruchtber te meitsjen.

Syn bûtenwurdske krêften fersterken syn mytyske status yn Frisia. It fertelde himsels ferspraat en de minsken praten mei respekt oer Grutte Sjoerd en syn djippe oanslach by de natuer. Hy waard in symboal fan hoop en frede, en elk wie tige tankber foar syn help.

Grutte Sjoerd wie net allinnich in tsjoender, mar ek in wiis en goedhertich man. Syn namme libbet fierder yn it hert fan de Frisianen, en syn ferhaal wurdt fan generaasje op generaasje trochjûn.

From that day on, people came to Great Sjoerd for help, and he was always ready to serve. He brewed healing potions, repaired blown-away roofs, and assisted the poor with food and warmth.

Great Sjoerd also became known for his miraculous interventions in times of need. When storms raged across the lands, he used his powers to protect the people. When crops failed, he gave farmers advice and miraculous herbs to make their land fertile again.

His extraordinary powers strengthened his mythical status in Frisia. The tale of him spread far and wide, and people spoke of Great Sjoerd with respect and awe for his deep connection with nature. He became a symbol of hope and peace, and everyone was deeply grateful for his assistance.

Great Sjoerd was not only a wizard but also a wise and kind-hearted man. His name lives on in the hearts of the Frisians, and his story is passed down from generation to generation.

Tsjinner - sorcerer
Krûdterhôf - herb garden
Wûnderkrûden - miraculous herbs
Oanslach - connection
Selsstannich - self-sufficient
Betraande - teary
Hjirbûten - outside
Ferspraat - disseminated
Tsjinstje - serve

ANNA KARENINA

Gelokkige famyljes lykje allegearre op inoar; elke ûngelokkige famylje is ûngelokkig op syn eigen wize.

Alles wie yn ferwarring yn it hûs fan de Oblonskys. De frou hie ûntdutsen dat de man in ferhâlding hie mei in Frânske famke, dat eartiids guvernant west hie yn harren húshâlding, en hja hie tsjin har man sein dat se net langer yn itselde hûs mei him ferbliuwe koe. Dizze situaasje hie no trije dagen oanhâlden, en net allinnich de man en frou sels, mar ek alle leden fan harren famylje en húshâlding fielden it skerp bewust. Elkenien yn it hûs fielden dat it gjin doel hie om tegearre te libjen, en dat de frjemde minsken dy't troch it tafal yn in herberch byinoar brocht waarden, mear mei elkoar gemeen hiene as hja, de leden fan de famylje en húshâlding fan de Oblonskys. De frou ferlit net har eigen keamer, de man wie trije dagen net thús west. De bern rûnen oeral oer it hûs; de Ingelske guvernant hie krúzige mei de húshâldster en hie in brief skreaun nei in freondinne om har te freegjen om út te sjen nei in nije plak foar har; de manlike kok wie de dei dêrfoar krekt by it jûniten ôfsketten; de keukenmeid en de koetsier hienen harren ûntslach jûn.

Trije dagen nei de kibbel, waard Prins Stepan Arkadyevitch Oblonsky - Stiva, sa't er yn de mode-wrâld neamd waard - op it gewoane oere wekker yn syn stúdzjekamer, dat is om acht oere moarns, net yn syn frou har sliepkeamer. Hy draaide syn dikke, goed fersoarge persoan op 'e swaaiende sofa, krekt as soe er him op 'e nij yn in lange sliep sette; hy omfette it kessen oan 'e oare kant krêftich en begroef syn gesicht der yn; mar ynienen sprong er oerein, siet op 'e sofa en iepene syn eagen.

ANNA KARENINA

Happy families are all alike; every unhappy family is unhappy in its own way.

Everything was in confusion in the Oblonskys' house. The wife had discovered that the husband was carrying on an intrigue with a French girl, who had been a governess in their family, and she had announced to her husband that she could not go on living in the same house with him. This position of affairs had now lasted three days, and not only the husband and wife themselves, but all the members of their family and household, were painfully conscious of it. Every person in the house felt that there was no sense in their living together, and that the stray people brought together by chance in any inn had more in common with one another than they, the members of the family and household of the Oblonskys. The wife did not leave her own room, the husband had not been at home for three days. The children ran wild all over the house; the English governess quarreled with the housekeeper, and wrote to a friend asking her to look out for a new situation for her; the man-cook had walked off the day before just at dinner time; the kitchen-maid, and the coachman had given warning.

Three days after the quarrel, Prince Stepan Arkadyevitch Oblonsky—Stiva, as he was called in the fashionable world—woke up at his usual hour, that is, at eight o'clock in the morning, not in his wife's bedroom, but on the leather-covered sofa in his study. He turned over his stout, well-cared-for person on the springy sofa, as though he would sink into a long sleep again; he vigorously embraced the pillow on the other side and buried his face in it; but all at once he jumped up, sat up on the sofa, and opened his eyes.

"Ja, ja, hoe wie it no?" tocht er, syn dream neigeand. "Hoe wie it? Wis, wis! Alabin joech in jûniten yn Darmstadt; nee, net Darmstadt, mar wat Amerikaansk. Ja, mar doe wie Darmstadt yn Amerika. Ja, Alabin joech in jûniten op glêzen tafels, en de tafels songen, Il mio tesoro - net Il mio tesoro eins, mar wat better, en der stiene in soart lytse dekanteerflessen op 'e tafel, en dat wiene ek froulju," hie er yn 'e holle.

Stepan Arkadyevitch syn eagen flikkeren opgewekten, en hy betocht mei in glimk. "Ja, it wie moai, hiel moai. Der wie noch in soad mear dat prachtich wie, mar der binne gjin wurden foar, of sels gjin útdrukkingen foar yn jins wekker wurden. En bemerkjende in skynsel fan ljocht dat neist ien fan de serge gordinen ynsjocht, sette er bliid syn fuotten oer de râne fan 'e sofa en stikjes oer de flier mei syn slippers, in presintsje foar syn lêste jierdei, troch syn frou foar him wurke op goudkleurich marokko. En, krekt sa't er elke dei de lêste njoggen jierren die hie, stiek er syn hân út, sûnder oerein te kommen, nei de pleats dêr't syn deistigejouns hinget, altyd yn syn sliepkeamer. En dêrop hie er samar ynienen yn 'e holle dat er net yn syn frou har keamer sliepte, mar yn syn stúdzje, en wêrom: de glimk ferdwûn fan syn gesicht, hy reage syn wûnbrauwen.

Allegearre - All alike
Ferwarring - Confusion
Ferhâlding - Intrigue, affair
Tsjuster - Conscious
Tsjinteilige - Opposing
Yntslach - Dismissal
Fersoarge - Well-cared-for
Swaaiende - Springy
Gjûk - Pillow
Neigeand - Recalling, reminiscing
Kibbel - Quarrel
Krekt - Just, as though

"Yes, yes, how was it now?" he thought, going over his dream. "Now, how was it? To be sure! Alabin was giving a dinner at Darmstadt; no, not Darmstadt, but something American. Yes, but then, Darmstadt was in America. Yes, Alabin was giving a dinner on glass tables, and the tables sang, *Il mio tesoro*—not *Il mio tesoro* though, but something better, and there were some sort of little decanters on the table, and they were women, too," he remembered.

Stepan Arkadyevitch's eyes twinkled gaily, and he pondered with a smile. "Yes, it was nice, very nice. There was a great deal more that was delightful, only there's no putting it into words, or even expressing it in one's thoughts awake." And noticing a gleam of light peeping in beside one of the serge curtains, he cheerfully dropped his feet over the edge of the sofa, and felt about with them for his slippers, a present on his last birthday, worked for him by his wife on gold-colored morocco. And, as he had done every day for the last nine years, he stretched out his hand, without getting up, towards the place where his dressing-gown always hung in his bedroom. And thereupon he suddenly remembered that he was not sleeping in his wife's room, but in his study, and why: the smile vanished from his face, he knitted his brows.

Gewoane - Usual
Ferslûpen - Sank, plunged
Oerein - Upright, up
Jûniten - Dinner
Dekanteerflessen - Decanters
Flikkeren - Twinkle
Opgewekten - Cheerfully
Betocht - Considered
Útdrukkingen - Expressions
Skynsel - Gleam, glimmer
Gordinen - Curtains
Deistigejouns - Dressing-gown (robe)
Wûnbrauwen - Eyebrows

SNIEWYT

Der wie ienris in prachtich lân fan Frisia, dêr't in leave kening mei syn koarneblommen prinses wenne. Hja hiet Sniewyt, en hie in hert sa wyt as snie, en hier sa swart as ikoar. Sniewyt wie in fûgeltsjefan, en hie in hiele rige fûgeltsjes dy't altyd om har hinne fleagen.

Mar helaas, de keninginne, Sniewyt har mem, stoar jong en liet har dochter allinnich efter mei de kening. De kening treurde djip en tocht oan hieltyd te trouwen, sadat Sniewyt in stiefmem krige. Mar de nije keninginne wie in ferkearde frou, grutsk en jaloersk op Sniewyt har skjinheid.

Op in dei, doe't de keninginne har spegel frege hokker frou it skjinste yn it lân wie, die de spegel it ûntsteljend antwurd: "Sniewyt is skjinste fan allegear!" De keninginne waard razend fan jinselskip en de slimmigens en gie fuortdaliks nei har tsjustere toren.

Dêr fûn se in tsjoendermiddel, in giftige apel dy't de skjinheid fan Sniewyt ferdwine litte soe. Sy ferfear Sniewyt mei de apel, ferbergjend it yn in koarneblom. De siken nacht die se de froulju yn har hof in beheksje dat de skjinheid fan Sniewyt by de dei ferdwine soe.

Doe't Sniewyt de ferbannen apel krige, hie se gjin idee fan de fijânige ynhâld. Sy naam in hap en yn in momint fûlde se har sûnder libben. De keninginne wie tefreden mei harre slimme doel, mar koe net ûntkomme oan har eigen dwaasens.

Mar it libben kin frjemd wêze en de leafde fan it folk joech Sniewyt in twadde kâns. In jonge prins fûn har en wie betsjinne fan har skjins.

SNOW WHITE

Once upon a time, in a beautiful land of Frisia, there lived a beloved king with his fair princess of cornflowers. Her name was Snow White, and she had a heart as white as snow and hair as black as ebony. Snow White was a bird lover, and she had a whole flock of birds that always flew around her.

But unfortunately, the queen, Snow White's mother, passed away young, leaving her daughter behind with the king. The king grieved deeply and thought of marrying again so that Snow White would have a stepmother. However, the new queen turned out to be an evil woman, proud and jealous of Snow White's beauty.

One day, when the queen asked her mirror who the fairest of them all was, the mirror gave the shocking answer: "Snow White is the fairest of them all!" The queen was consumed by jealousy and envy and immediately went to her dark tower.

There, she found a potion, a poisonous apple that would make Snow White's beauty vanish. She cursed the apple and hid it in a cornflower. In the dark of night, she cast a spell on the women in her court, ensuring that Snow White's beauty would fade with each passing day.

When Snow White received the cursed apple, she had no idea of its malevolent contents. She took a bite, and in an instant, she fell lifeless. The queen was content with her wicked deed, but she could not escape her own folly.

But life can be strange, and the love of the people gave Snow White a second chance. A young prince found her and was captivated by her beauty.

Hy helle it fermiddele fan de koarneblom út har hals en kuste har leafdenei. Yn in wûnder wie Sniewyt werom en de froulju yn it hof wurden frij fan it apelstrik.

De keninginne har ferkeardens kaam yn it ljocht en se waard ferbeanne foar har misfieden. Sniewyt en de prins leefden noch lang en lokkich en it lân fan Frisia hie wer frede en skjins. En sa, waard it ferhaal fan Sniewyt in leginde yn it lân, dat de macht fan leafde en de fiereidsumheid fan in jonge frou ferreteld.

He removed the poisoned thorn from her throat and kissed her with love. In a miracle, Snow White came back to life, and the women in the court were freed from the apple's curse.

The queen's wickedness came to light, and she was banished for her misdeeds. Snow White and the prince lived happily ever after, and the land of Frisia was once again filled with peace and beauty. And so, the tale of Snow White became a legend in the land, narrating the power of love and the resilience of a young woman.

Koarneblommen - Cornflowers
Sljocht - Fair, light
Skjinheid - Beauty
Ûntsteljend - Shocking
Tsjuster - Dark
Beheksje - To bewitch, to curse
Fermiddele - Poison
Ferbannen - Cursed, banished
Betsjinne - Captivated, enchanted
Skjins - Peace
Fiereidsumheid - Resilience

DE MÔS EN DE LIUW

Der wie ris in lyts mûske dat yn it bosk wenne. Op in dei, doe't it mûske oan it rinnen wie, trape it per ûngelok op de poat fan in grutte liuw. De liuw waard fûl en woe it mûske ferslinen.

"O, grutte liuw," rôp it mûske, "asjebleaft, lit my gean! Ik bin mar in lyts mûske en kin dy gjin kwea dwaan."

De liuw lake lûd en sei: "Wat steldst do foar, lyts mûske? Do bist gjinien foar my, mar as it net om dy gie, soe ik dy noait sa mei op myn poat hawwe kinnen."

It mûske rôp: "Ik smeekje dy, lit my gean en ik beloof dy dat ik dy ris helpe sil as do yn 'e tichte takomst yn needsaak bist."

De liuw, dy't it mûske net serieus naam, liet it ferskrikt mûske gean. It mûske rûn sa hurd as it koe nei syn hûs en wie tige tankber dat it ûntkommen wie oan de liuw.

In pear dagen letter hearde it mûske in lûd fan wanhoop út it bosk kommen. It rûn derhinne en fûn de liuw fêstsitte yn in jagersnet. De liuw wie sa bang dat er de jager ferwachte.

It mûske tocht werom oan de wurden fan de liuw en sei: "No sjochst, grutte liuw, dat ik ek fan betsjutting foar dy wêze kin. Lit my dy helpje."

It mûske begûn mei syn skerpe tosken it net te bewurkjen en sa slagge it om de liuw frij te krijen. De liuw waard ferfanklik en tankber en frege it mûske wat it woe ha as tank foar syn help.

THE MOUSE AND THE LION

Once upon a time, there was a little mouse that lived in the forest. One day, while the mouse was running, it accidentally stepped on the paw of a big lion. The lion became furious and wanted to devour the mouse.

"Oh, mighty lion," cried the mouse, "please, let me go! I am just a little mouse and cannot harm you."

The lion laughed loudly and said, "What do you think you can do, little mouse? You are nothing to me, but if it weren't for you, I wouldn't have stepped on my paw like this."

The mouse pleaded, "I beg you, let me go, and I promise you that I will help you in the near future if you ever find yourself in need."

The lion, not taking the mouse seriously, let the frightened mouse go. The mouse ran as fast as it could to its home and was very grateful that it had escaped from the lion.

A few days later, the mouse heard a cry of distress coming from the forest. It ran there and found the lion trapped in a hunter's net. The lion was so frightened, expecting the hunter to come.

The mouse thought back to the lion's words and said, "Now you see, mighty lion, that I can also be of importance to you. Let me help you."

The mouse began to gnaw at the net with its sharp teeth, and it succeeded in setting the lion free. The lion was humbled and grateful, and asked the mouse what it wanted as a reward for its help.

"Ho, grutte liuw," sei it mûske, "ik hoegje neat fan dy. Mar onthâld dit: sels it lytskjen kin in grutte tsjinst bewize. Wa't goederjend is, wurdt ek goed foarholpen."

De liuw besaach it mûske mei nije eagen en besefte dat it mûske gelyk hie. Yn syn needsaak hie it lytskjen him rêden. Fan dy dei ôf wiene de liuw en it mûske beste freonen, en eltsenien yn it bosk wist dat sels it lytskjen fan grut belang wêze kinne.

"Hold on, mighty lion," said the mouse, "I need nothing from you. But remember this: even the smallest can render a great service. Whoever is kind, will also be kindly treated."

The lion looked at the mouse with new eyes and realized that the mouse was right. In its time of need, the little one had saved it. From that day on, the lion and the mouse became best friends, and everyone in the forest knew that even the smallest could be of great importance.

Trappe - To step
Ferslinen - To devour
Kwea - Harm
Onthâld - To remember
Goederjend - Kind, benevolent
Betsjutting - Importance
Onthâld - To hold on, remember

Other languages in the Rosetta Series:

Afrikaans
Albanian
Amharic
Arabic
Armenian (East, West)
Bengali
Bulgarian
Cantonese
Catalan (ENG, ESP)
Croatian
Czech
Danish
Dutch
Estonian
Esperanto (ENG, FRE, GER)
Farsi
Finnish
Frisian
Galician (ENG, ESP)
Gujarati
Hawaiian
Hebrew
Hindi
Hungarian
Icelandic
Indonesian
Irish
Italian
Japanese
Kazakh
Khmer
Korean
Lao
Latvian
Lithuanian
Maori
Malay
Mandarin (Banned on Weibo)
Neapolitan (ENG, ITA)
Nepali
Norwegian
Polish
Portuguese
Punjabi
Romanian
Romansh
Russian (And then it got worse)
Sami
Serbian
Sicilian (ENG, ITA)
Slovak
Slovene
Somali
Swahili
Swedish
Tagalog
Tamil
Thai
Turkish
Ukrainian
Urdu
Vietnamese
Welsh
Zulu